岩 波 文 庫

34-124-1

ユダヤ人問題によせて
ヘーゲル法哲学批判序説

カール・マルクス著
城 塚 登 訳

岩 波 書 店

目次

ユダヤ人問題によせて

ユダヤ人問題によせて

一、ブルーノ・バウアー『ユダヤ人問題』、ブラウンシュヴァイク、一八四三年、

二、ブルーノ・バウアー『現代のユダヤ人とキリスト教徒の自由になりうる能力』、ゲオルク・ヘルヴェーク編『スイスからの二一ボーゲン』、チューリヒおよびヴィンタートゥール、一八四三年、五六―七一ページ所収。

カール・マルクス

一　ブルーノ・バウアー『ユダヤ人問題』、ブラウンシュヴァイク、一八四三年、

ドイツのユダヤ人は解放を渇望している。どのような解放を渇望しているのか？　公民としての解放(1)であり、政治的な解放である。

ブルーノ・バウアーは彼らにこう答える。ドイツでは、誰ひとり政治的に解放されていない。われわれ自身でさえ自由ではないのだ。どうしてわれわれが君たちを自由にすべきなのだろう

か？　もし君たちがユダヤ人としての自分たちだけのために、何か特別な解放を要求しているのであれば、君たちユダヤ人は利己主義者である。君たちは、ドイツ人としてはドイツの政治的解放に、人間としては人間的解放に、従事してもらわねばならないし、君たちの受けている特別な迫害や恥辱を、原則からの例外としてではなく、むしろ原則の確証として感じとってもらわねばならない。

それともユダヤ人は、キリスト教徒である臣民と対等の地位を要求しているのか？　そうだとすると、彼らはキリスト教国家を正当なものだと承認していることになり、一般的な抑圧の統治を承認していることになる。なぜ彼らは、一般的な拘束は気にいるのに、彼らの特殊な拘束が気にいらないのか！　ユダヤ人がドイツ人の解放に関心をもっていないのに、なぜドイツ人はユダヤ人の解放に関心をもたねばならないのか？

キリスト教国家は、ただ特権だけを認知している。ユダヤ人はこの国家のなかで、ユダヤ人であるという特権を保持している。彼はユダヤ人として、キリスト教徒のもっていない権利をもっているのである。どうして彼は、自分がもっておらずキリスト教徒が享受している諸権利を、渇望するのであろうか！

ユダヤ人がキリスト教国家から解放されたいと欲する場合、彼はキリスト教国家がその宗教的偏見を棄て去ることを要求していることになる。では彼、ユダヤ人は、自分の宗教的偏見を棄て去るであろうか？　棄てないとすれば、ユダヤ人は、このように宗教を放棄するよう、他人に要求する権利をもっているだろうか？

キリスト教国家は、その本質からいって、ユダヤ人を解放することはできない。だがしかし、とバウアーは次のようにつけ加える。ユダヤ人も彼の本質からいって、解放されることはできない。国家がキリスト教的であり、ユダヤ人がユダヤ教的である限り、両者ともに、解放を与える能力もないし、解放を受けとる能力もない、と。

キリスト教国家は、ただキリスト教国家の仕方でだけ、すなわち特権を与えるという仕方でだけ、ユダヤ人を遇することができる。つまりこの国家は、他の臣民からみずからを分離することをユダヤ人に許すが、その代わりにその分離された他の勢力範囲からの圧迫をユダヤ人に感じさせ、しかもユダヤ人が支配的宗教と宗教的に対立しているだけに、それだけ痛切に圧迫を感じさせるわけである。しかし、ユダヤ人もまた、国家にただユダヤ風にしか、すなわち国家に対して疎遠なものに対するような態度でしか、臨むことができない。すなわち、現実の国籍には自分の妄想的な国籍を対置し、現実の法律には自分の幻想的な律法を対置して、自分は人類から分離される権利があると錯覚し、歴史の運動に原則的にまったく参与せず、人間の一般的な未来と共通するところが全然ない未来を待ちこがれ、自分をユダヤ民族の一員と考え、しかもユダヤ民族を〔神に〕選ばれた民族と考える、という次第である。

それでは、君たちユダヤ人は、どのような権原にもとづいて、解放を渇望しているのか？　君たちの宗教のためなのか？　その宗教は国教の不倶戴天の敵である。公民としてであるか？　ドイツには公民など一人もいはしない。人間としてであるか？　君たちは、君たちの訴えかけている相手が人間ではないのと同様に、人間ではない。〔以上のようにバウアーは説いている〕。

バウアーは、ユダヤ人解放の問題についての従来の問題提起と解決に批判を加えた後で、この問題を新たに提起しなおした。彼は問う。解放されるべきユダヤ人とか、解放すべきキリスト教国家とかいうが、それらはどのような性質のものであろうか？　そして彼はユダヤ教を批判することによって答える。すなわち彼は、ユダヤ教とキリスト教との宗教的対立を分析し、キリスト教国家の本質について究明する。これらはすべて大胆で鋭く、才気にあふれ徹底しており、しかもその書き方は精確で適切で精力的である。

では、バウアーはユダヤ人問題をどのように解決しているのか？　その結論はどのようなものか？　問題の定式化〔問題を明確に提起すること〕は、その問題の解決である。ユダヤ人問題への批判は、ユダヤ人問題への解答である。その要約は次のようになる。

われわれは、他人を解放しうる以前に、自分自身を解放しなければならない。

ユダヤ人とキリスト教徒とのあいだの対立のもっとも頑固な形態は、宗教上の対立である。一般にひとは対立をどのようにして解決するか？　対立を不可能にすることによってである。どうすれば宗教上の対立は不可能になるか？　宗教を揚棄することによってである。ユダヤ人とキリスト教徒が、お互いの宗教を、ただもう人間精神の別々の発展段階として、つまり歴史によって脱ぎすてられた別々の蛇の脱けがらとして認識し、そして人間をそれらの脱けがらを脱皮した蛇として認識しさえすれば、彼らはもはや宗教上の関係のなかにいるのではなく、ただ批判的で学問的な関係、すなわち人間的な関係のなかにいることになる。そのとき、学問は彼ら〔ユダヤ人とキリスト教徒〕の統一である。そして学問上の諸対立は、学問自身によって解決されることになる。

とくにドイツのユダヤ人の前には、政治的解放一般が欠けており国家がキリスト教を公認しているという事態が立ちはだかっている。だがしかし、バウアーの考えでは、ユダヤ人問題はドイツの特殊事情には依存しない一般的な意義をもっている。それは国家に対する宗教の関係の問題、宗教的偏執と政治的解放との矛盾の問題である。政治的に解放されるよう欲しているユダヤ人に対しても、また他のものを解放し自分も解放されるべき国家に対しても、宗教から解放されることが前提条件として出されるのである。

「よろしい、とひとびとは語り、そしてユダヤ人自身もそう語る。ユダヤ人が解放されるべきなのは、ユダヤ人としてではなく、またユダヤ人であるからでもなく、彼が優れた普遍人間的な人倫的原理をもっているからでもない。むしろユダヤ人は、彼がユダヤ人であり、ユダヤ人としてとどまるべきであるにもかかわらず、彼自身公民という立場の背後に退き、公民となるであろう、と。これはすなわち、ユダヤ人は、公民であり一般的な人間諸関係のなかに生きているにもかかわらず、ユダヤ人であり、ユダヤ人であることをやめない、ということである。つまり彼のユダヤ的な偏狭な本質が、いつも最後には、彼の人間的で政治的な諸義務にうちかって勝利をおさめるのである。偏見は、普遍的な諸原則によって圧倒されているにもかかわらず、いぜんとして残っている。ところで、偏見が残存しているならば、それはむしろ他の一切のものを圧倒するのである。」「ただ詭弁的にだけ、つまり見せかけの上でだけ、ユダヤ人は国家生活においてユダヤ人であり続けることができるであろう。それゆえ、もし彼がユダヤ人でありたいと欲するとすれば、たんなる見せかけが本質的なものとなり、他のものにうちかって勝利をおさめることになろう。すなわち、その場合には彼の国家における生活は、たんなる見せかけとなり、本質と原則に対する一時的な例外にすぎないことになろう。」(『現代のユダヤ人とキリスト教徒の自由になりうる能力』『二一ボーゲン』五七ページ)。

他方われわれは、バウアーが国家の任務をどのように定めているか耳を傾けてみよう。

「フランスは最近(一八四〇年一二月二六日の下院議事録)ユダヤ人問題について——他のすべての政治的問題においてつねにそうであるように——われわれに次のような生活の姿を見せてくれた。その生活とは、自由ではあるが、自分の法律上の自由を取消し、したがってまたこの法律上の自由を見せかけであると言明し、他方でその自由な法律を行為によって反駁しているような生活である。」(『ユダヤ人問題』六四ページ)。

「普遍的な自由はフランスにおいてまだ法律になっていないし、ユダヤ人問題もまたまだ解決されていない。というのは、法律上の自由——すべての市民が平等であるということ——は、宗教的特権によってまだ支配され分割されているような生活においては、制限され、そしてこの生活上の不自由が法律に反作用し、もともとは自由な市民が抑圧者と被抑圧者とに区別されるのを、法律上承認せざるをえなくさせるからである。」(六五ページ)。

では、どのような場合に、ユダヤ人問題はフランスにとって解決されたといえるだろうか？

「たとえばユダヤ人は、もはやユダヤ人であることをやめていなければならないであろう。その場合はじめて、ユダヤ人は、自分の法律〔律法〕に妨げられることなく、国家と同胞に対する義務を果すことができ、したがって、たとえば安息日に下院に出席して公的な議事に参加することができることになる。一般にどのような宗教的特権も、したがってまた特権を与えられた教会の独占も、廃棄されていなければならないであろう。そして幾人かの人たち、または多数の人たち、または大多数の人たちさえも、なお宗教的義務を果さねばならないと信じているとすれば、この義務の遂行はまったくの私事として、それらの人たち自身に委されていなければならないであろう」（六五ページ）。「特権を与えられた宗教がもはや存在しない場合には、宗教はもはや存在しない。宗教からその排他的な力を奪え。そうすれば宗教はもはや存在しない。」（六六ページ）。「マルタン・デュ・ノール氏[3]は、日曜日について法律上言及することをやめようという提案に対して、それはキリスト教が廃棄されたと宣言する動議にほかならないとしたが、それが正当なのとまったく同様に（そしてこの正当さは十分の理由をもっている）、安息日の律法はもはやユダヤ人に対してなんらの拘束力ももたないという宣言は、ユダヤ教の解消を声明するものとなろう。」（七一ページ）。

こうしてバウアーは、一方では、公民として解放されるためには、ユダヤ人はユダヤ教を廃棄し、一般に人間が宗教を廃棄することを要求している。他方では、彼は首尾一貫して、宗教の政治的な揚棄が宗教の揚棄そのものであると考えている。宗教を前提としている国家は、まだ真の国家でも、現実の国家でもない。

「もちろん、宗教的観念は国家に対し保証を与えている。だが、それはどのような国家に対してであろうか？　どのような種類の国家に対してであろうか？」（九七ページ）。

この点に、ユダヤ人問題の一面的なとらえ方があらわれている。

誰が解放するべきなのか？　誰が解放されるべきなのか？　これだけを究明するのでは、けっして十分ではなかったのだ。批判がとりあつかうべきものが、もう一つあった。それはこう問わねばならなかったのだ。どのような種類の解放が肝要なのだろうか？　どのような諸条件が、要求されている解放の本質にもとづいているのか？　政治的解放そのものの批判こそが、はじめてユダヤ人問題の最終的批判となるのであり、ユダヤ人問題を「時代の一般的問題」のなかへ真に解消するものとなるのである。

バウアーは問題をこの水準にまで高めないので、矛盾におちいることになる。彼は、政治的解放そのものの本質にもとづかないような諸条件を立てる。彼の提起する諸問題は彼の課題に含まれていないし、彼の解決する諸課題は彼の問題を未解決のままに残している。バウアーはユダヤ人解放に対する反対者について「彼らの誤りはただ、彼らがキリスト教国家を唯一の真の国家であると前提しており、ユダヤ教を考察するさいに加えたのと同じ批判を、キリスト教国家に加えなかったことにある」(三ページ)と述べているが、われわれから見れば、バウアーの誤りは、彼がただ「キリスト教国家」だけに批判を加えて「国家それ自体」に批判を加えていないこと、政治的解放の人間的解放に対する関係を究明せず、そのために、政治的解放と普遍的な人間的解放との無批判な混同ということからしか説明できないような諸条件を立てていることにある。バウアーはユダヤ人に対して、君たちは君たちの立場からいって政治的解放を渇望する権利をもっているのか、と問うているが、そこでわれわれは逆にこう反問する。政治的解放の立場は、ユダヤ人にユダヤ教を揚棄するよう要求し、人間一般に宗教を揚棄するよう要求する権利をもっているのか？

ユダヤ人問題は、ユダヤ人が住んでいる国家が異なるにつれて、異なったとらえ方がなされる。政治的国家、つまり国家としての国家が実在していないドイツでは、ユダヤ人問題は純粋に神学的な問題である。ユダヤ人は、キリスト教をみずからの基礎であると公言している国家に対して、宗教的に対立している。このような国家は本職の〔ex professo〕神学者である。ここでは批判は神学の批判であり、両刃の批判、つまりキリスト教神学の批判であるとともにユダヤ教神学の批判でもある。だがこの場合、われわれがそこでどれほど批判的に動きまわったとしても、なおつねに神学の内部を動きまわっているだけなのである。

フランスでは、すなわち立憲国家では、ユダヤ人問題は立憲制の問題であり、政治的解放の不徹底に関する問題である。フランスでも、国教という見かけが、とるに足らぬ自己矛盾した形式においてではあっても、多数派の宗教という形式で保持されているので、国家に対するユダヤ人の関係は、宗教的で神学的な対立という見かけを保っている。

北アメリカの自由諸州において――少くともその一部において――はじめて、ユダヤ人問題はその神学的な意味を失い、実際に世俗的な問題となっている。政治的国家が十分に発達をとげて実在しているところでだけ、ユダヤ人の、また一般に宗教的人間の、政治的国家に対する関係は、したがって宗教の国家に対する関係は、その独自性において、その純粋性において、現われることができるのである。このような関係の批判は、国家が神学的な仕方で宗教に関与することをやめるやいなや、すなわち、国家が国家として、つまり政治的に宗教に関与するようになるやいなや、たちまち神学的な批判ではなくなる。こうして批判は、政治的国家の批判となる。問題が神学的ではなくなるこの点において、バウアーの批判は批判的ではなくなるのだ。

「〔アメリカ〕合衆国には国教もないし、大多数者の宗教として宣言された宗教もなく、また一宗派が他の宗派より優越するということもない。国家はあらゆる宗派に対して無関係である。」(G・ドゥ・ボーモン『マリ、合衆国における奴隷制……』(4) パリ、一八三五年、二一四ページ)。それだけではなく、北アメリカのいくつかの州では、「憲法が、宗教的信仰をもつことや特定の祭祀を行うことを、政治的諸特権の条件として課するようなことはない。」(前掲書、二二五ページ)。それにもかかわらず「合衆国では、宗教をもたない人間が誠実な人間でありうるとは信じられていない。」(前掲書、二二四ページ)。

たしかにそれにもかかわらず、北アメリカは、ボーモン、トクヴィル(5)、そしてイギリスのハミルトン(6)が異口同音に証言しているように、とりわけ信心の深い国である。だが、北アメリカ諸州は、われわれにとってたんなる実例にすぎない。問題は次のことにある。完成された政治的解放は、宗教に対してどのような態度をとるのか？　政治的解放が完成された国においてさえも、宗教がたんに実在しているばかりでなく、若々しく生気にあふれて実在していることが見いだされるとすれば、宗教の存在は国家の完成と矛盾しないことが立証されたことになる。しかし、宗教が存在することは欠陥が存在することであるから、この欠陥の根源は、国家そのものの本質のなかに求められるほかはない。宗教はわれわれにとって、もはや世俗的な偏狭さの原因ではなく、ただそれの現象にすぎないように思われる。それゆえわれわれは、自由な公民たちの宗教的偏執を、彼らの世俗的な偏執から説明する。われわれは、自由な公民たちが彼らの世俗的な障壁を揚棄するために、彼らの宗教的な偏狭さを揚棄しなければならない、とは主張しない。われわれが主張するのは、彼らが世俗的な障壁を揚棄するやいなや、ただちに彼らの宗教的偏狭さを揚棄することになるということである。われわれは、世俗的問題を神学的問題に変えたりはしない。われわれは、神学的問題を世俗的問題に変えるのである。歴史はこれまであまりにも長期にわたって迷信に解消されてきたが、いまやわれわれは迷信を歴史に解消するのである。宗教に対する政治的解放の関係という問題は、われわれにとっては、人間的解放に対する政治的解放の関係という問題となる。われわれは、政治的国家を、宗教的弱点とは切りはなして、その世俗的構造について批判することによって、政治的国家の宗教的弱点を批判する。われわれは、国家と、たとえばユダヤ教といった特定の宗教との矛盾を人間化して、国家と特定の世俗的諸要素との矛盾に変え、国家と宗教一般との矛盾を人間化して、国家と国家の諸前提一般との矛盾に変えるのである。

ユダヤ人やキリスト教徒の政治的解放、一般に宗教的人間の政治的解放は、ユダヤ教やキリスト教からの国家の解放、一般に宗教からの国家の解放である。国家が国教からみずからを解放することによって、すなわち国家が国家としてはいかなる宗教も信奉しないで、むしろ国家がみずからを国家として信奉することによって、国家は自分の形式で、つまり自分の本質に固有の仕方で、国家としてみずからを宗教から解放するのである。宗教からの政治的解放は、宗教からの貫徹された、矛盾のない解放ではない。なぜなら、政治的解放は、人間的解放の貫徹された、矛盾のない仕方ではないからである。

政治的解放の限界は、ただちに次のことに現われてくる。すなわち、人間がある障壁から実際に自由になっていなくても、国家はその障壁から自由になりうるということ、人間が自由な人間になっていなくても、国家は自由国家〔共和国〕(7)でありうるということである。バウアーが政治的解放の条件として次のことをあげるとき、彼自身もこのことを暗黙のうちに認めているのである。

「一般にどのような宗教的特権も、したがってまた特権を与えられた教会の独占も、廃棄されていなければならないであろう。そして幾人かの人たち、または多数の人たち、または大多数の人たちさえも、なお宗教的義務を果さなければならないと信じているとすれば、この義務の遂行はまったくの私事として、それらの人たち自身に委されていなければならないであろう。」

したがって、大多数の人たちがまだ宗教的である場合でさえも、国家はみずからを宗教から解放してしまうことができるのである。そして大多数の人たちは、彼らが私的に(privatim)宗教的だからといって、宗教的であることをやめたわけではない。

だが、宗教に対する国家の態度、とくに自由国家の態度は、国家を形づくっている人間たちの宗教に対する態度にほかならない。そこからまず推論されるのは、人間は自分自身と矛盾しながら、つまり抽象的な制限された仕方、部分的な仕方で、ある障壁を乗り越えるということ、すなわち、国家という媒介物を通して、つまり政治的にみずからをその障壁から解放するということである。さらに次のことが推論される。人間は、自分を政治的に解放することによって、回り路をして、たとえ避けることのできない媒介物ではあっても一つの媒介物を通して、自分を解放するのである。最後に、次のことが結論される。人間は、国家の媒介によって自分を無神論者であると宣言する場合でさえも、すなわち国家を無神論者と宣言する場合でさえも、なお相変らず宗教的にとらわれている。なぜなら、彼はただ回り路によってだけ、一つの媒介物を通してだけ、自分自身を認知しているにすぎないからである。宗教は、まさに回り路による人間の認知にほかならない。つまり一つの媒介者を通じての人間の認知なのだ。国家は人間と人間の自由との媒介者である。ちょうどキリストが、人間のすべての神的性質、すべての宗教的偏執を人間から負わされている媒介者であるように、国家は、人間のすべての神的でない性質、すべての人間的な偏執のなさを押しつけられている媒介者なのである。

人間が宗教を政治的に乗り越えることは、政治的な乗り越え一般のもつすべての欠点とすべての長所とをわけもっている。国家は国家として、たとえば私有財産〔私有権〕を無効だと宣言する。北アメリカの多くの州でおこなわれたように、選挙資格と被選挙資格に対し納税を条件とすることを廃止するやいなや、人間は政治的な仕方で私的所有を廃棄したと宣言する。ハミルトンはこの事実を政治的立場からまったく正しく解釈して「大衆が土地所有者と金持ちに勝った」(8)と述べている。無産者が有産者の立法者となったとき、私有財産は観念の上では廃棄されているのではないだろうか？　納税という条件は、私有財産を承認する最後の政治的形態なのである。

だがしかし、私有財産の政治的な無効化によって、私有財産は廃棄されないばかりか、かえって前提されさえしているのである。国家が、出生や身分や教養や職業を非政治的な区別だと宣言する場合、そして国家がこれらの区別を考えにいれずに、すべての国民を国民主権への平等な参与者であると公示する場合、また国家が現実の国民生活のすべての要素を国家という観点からとりあつかう場合、国家は、出生、身分、教養、職業の区別を、国家なりの仕方で廃棄しているのである。しかし、だからといって、国家は、私有財産や教養や職業がそれらなりの仕方で、つまり私有財産として、教養として、職業として、活動し、それぞれの特別な本質を発揮することを妨げはしない。国家は、これらの事実上の区別を廃棄するどころか、むしろそれらの区別を前提としてのみ実在し、みずからを政治的国家として感じとるのであり、これら自分の諸要素と対立することによってのみ、国家はみずからの普遍性を発揮するのである。それゆえヘーゲルが次のように語るとき、彼は宗教に対する政治的国家の関係をまったく正しく規定しているのである。

「国家が精神の自覚的な**人倫的現実態**として現に存在するようになるには、国家を権威および信仰の形式から**区別すること**が必要である。しかしこの区別は、教会の側がそれ自身のなかで分裂してくる場合にかぎり、現われてくる。このようにしてのみ国家は、特殊な諸教会を超越して、国家の形式の原理である思想の普遍性を獲得し、普遍性を実現させるにいたる。」(ヘーゲル『法哲学』第一版、三四六ページ(9))。

その通りだ！　ただこのように特殊な諸要素を超えたところでのみ、国家はみずからを普遍性として確立するのである。

完成された政治的国家は、その本質からいって、人間の類的生活であり、人間の物質的生活に対立している。この〔物質的生活という〕利己的な生活のあらゆる前提は、国家の領域の外部に、市民社会のなかに、しかも市民社会の特性として存続している。政治的国家が真に成熟をとげたところでは、人間は、ただたんに思想や意識においてばかりでなく、現実において、生活において、天上と地上との二重の生活を営む。天上の生活とは政治的共同体における生活であって、そのなかで人間は自分を共同的存在と考えている。地上の生活とは市民社会における生活であって、そのなかでは人間は私人として活動し、他の人間を手段とみなし、自分自身をも手段にまでおとしめ、疎遠な諸力の遊び道具となっている。政治的国家は市民社会に対して、ちょうど天上界が地上界に対するのと同様に、精神主義的にふるまう。政治的国家は市民社会に対して、宗教が世俗的世界の偏狭さに対立しそれを克服するのと同じように対立し、同じ仕方でそれを克服する。すなわち、政治的国家もまた、市民社会をふたたび是認し、再建し、みずから市民社会の支配を受けざるをえないのである。人間は、そのもっとも身近かな現実のなか、市民社会のなかでは、一つの世俗的な存在である。人間が自分にも他人にも現実的な個人だとみなされている市民社会のなかでは、人間は一つの真実でない現象である。それとは反対に、人間が類的存在だとみなされる国家のなかでは、人間は想像上の主権の空想上の構成員であり、その現実的な個人的生活を奪いとられ、非現実的な普遍性によってみたされている。

ある特殊な宗教の信奉者としての人間が、彼の公民としてのあり方と、また共同体の構成員としての他の人間と、ひきおこす衝突は、結局のところ政治的国家と市民社会との現世的な分裂に帰着するのである。ブルジョア〔市民社会の構成員〕としての人間にとっては、「国家のなかの生活はたんなる見せかけか、本質や原則に対する一時的例外にすぎない。」たしかにその通りで、ブルジョアはユダヤ人と同様に、ただ詭弁的にのみ国家生活のなかにとどまるのであり、それはちょうどシトワイアン〔国家の構成員としての公民〕が、ただ詭弁的にのみユダヤ人またはブルジョアでありつづけるのと同じである。しかしこの詭弁は個人的なものではない。それは政治的国家そのものの詭弁なのだ。宗教的人間と公民との相違は、商人と公民との相違、日雇人と公民との相違、土地所有者と公民との相違、生きている個人と公民との相違である。宗教的人間と政治的人間との間に存在する矛盾は、ブルジョアとシトワイアンとの間に存在する矛盾、市民社会の構成員とその政治的なライオンの皮〔立派な装い〕との間に存在する矛盾にほかならない。

ユダヤ人問題が結局のところ行きつくこの現世的な衝突、私有財産などのような物質的要素であろうと教養や宗教のような精神的要素であろうと、ともかく国家の諸前提となっているものに対する国家の関係、普遍的利害と私的利害との衝突、政治的国家と市民社会との分裂、このようなさまざまの現世的諸対立をそのままにしておいて、バウアーは、それらの宗教的な表現に対して論難しているのである。

「まさに市民社会を基礎づけるもの、すなわち市民社会のためにその存立を確実にし、その必然性を保証するものである欲求こそが、かえって市民社会の存立をたえず危険にさらし、市民社会のなかに不安定な要素を存続させ、貧困と富、窮乏と繁栄とのたえず変転しつづける混在を、一般に変転をひきおこしている。」(八ページ)。

「市民社会」の章(八―九ページ)全体を参照されたい。それはヘーゲルの法哲学の綱要に従って構想されたものである。政治的国家に対立する市民社会は、必然的なものとして認められているが、それは政治的国家が必然的なものとして認められているからなのである。

政治的解放は、たしかに一つの大きな進歩である。それはたしかに人間的解放一般の最終的な形態ではないが、しかし従来の世界秩序の内部における人間的解放の最終的な形態である。いうまでもなく、われわれがここで語っているのは、現実的な、実践的な解放のことである。

人間は、宗教を公的権利から私的権利へと追いやることによって、みずからを宗教から政治的に解放する。宗教はもはや国家の精神ではない。すなわち人間がそこでは――たとえ制限された仕方で、特別な形態のもとで、特別な領域内においてであっても――他の人間と共同して類的存在としてふるまうような、国家の精神ではない。いまや宗教は、市民社会の精神、すなわち利己主義の領域、万人の万人に対する戦い〔bellum omnium contra omnes〕の領域の精神となった。宗教はもはや共同性の本質ではなく区別の本質である。宗教は共同体からの、自分と他の人間とからの、人間の分離の表現となっている――宗教はもともとそのようなものだったのである。もはや宗教は、特殊な倒錯、私的妄想、気まぐれの抽象的な告白にすぎない。たとえば北アメリカにおいて宗教が限りなく分裂していることは、すでに外面的にも宗教がまったくの私事という形態をとっていることを示している。宗教は、私的利害の一つという地位へとつきおとされ、共同体としての共同体から追放されている。だが、政治的解放の限界について考え違いをしてはならない。公人と私人への人間の分裂、国家から市民社会への宗教の転位、これらは政治的解放の一段階なのではなく、その完成なのである。したがって政治的解放は、人間の実際の宗教心を揚棄するものでもないし、揚棄しようと努めるものでもない。

人間は、ユダヤ人と公民とに、プロテスタントと公民とに、つまり宗教的人間と公民とに解体されるのであるが、この解体は、公民的立場にそむく嘘欺わりなどではなく、また政治的解放の回避なのではなく、この解体こそ政治的解放そのものなのであり、宗教からみずからを解放する政治的な仕方なのである。もちろん、政治的国家が政治的国家として市民社会のなかから力ずくで生まれてくる時代、人間的な自己解放が政治的自己解放という形態をとって完遂に向っている時代には、国家は宗教の廃棄、宗教の絶滅というところまで進んでいくことがありうるし、また進んでいかざるをえない。しかし、それはただ、国家が私有財産の揚棄、最高価格〔令〕、財産没収にまで、累進課税にまで進み、生命の揚棄、ギロチンにまで進んでいくのと同じことである。政治的生活は、それが特別の自負心をもった瞬間に、自分の前提である市民社会とその諸要素とを圧迫して、みずからを人間の現実的な矛盾のない類的生活として確立しようと努める。だがそのようなことは、政治的生活が自分自身の生活諸条件と暴力的に矛盾することによってのみ可能であり、革命を永続的なものと宣言することによってのみ可能である。だから政治のドラマは、戦争が平和によって終結するのと同じ必然性に従って、宗教、私有財産といった市民社会のあらゆる要素を再建することをもって終結するのである。

たしかに、いわゆるキリスト教国家、すなわちキリスト教をみずからの基礎として、国教として信奉し、したがって他の宗教に対し排他的な態度をとる国家が、完成されたキリスト教国家ではけっしてなく、むしろ無神論的な国家、民主的な国家、宗教を市民社会の他の諸要素のなかに追いやってしまう国家が、完成されたキリスト教国家なのである。まだ神学者であるような国家、まだ公式にキリスト教の信仰を宣言する国家、まだみずからを国家として宣言することをあえてしていない国家、このような国家にとっては、キリスト教において誇張して表現されている人間的基礎を、現世的な人間的な形態で、国家としてのその現実性において表現することが、まだできないのである。いわゆるキリスト教国家は、ただたんに非国家であるにすぎない。なぜなら、宗教としてのキリスト教ではなく、キリスト教という宗教の人間的背景だけが、真に人間的な創造物に仕上げられうるのだからである。

いわゆるキリスト教国家は、国家をキリスト教によって否定するものであるが、しかし、けっしてキリスト教を国家によって実現するものではない。キリスト教をまだ宗教というかたちで信奉している国家は、まだキリスト教を国家というかたちで信奉しているわけではない。なぜなら、そのような国家は、まだ宗教に対して宗教的な態度をとっているからである。すなわちそうした国家は、まだ、人間的核心の非現実性に、想像上の形態に根拠をおいているので、宗教の人間的基礎の現実的仕上げではないからである。いわゆるキリスト教国家は不完全な国家であり、その国家にとってキリスト教は不完全さを補全し神聖化するものという意味をもつ。だから宗教は、そうした国家にとって必然的に手段となるのであり、そうした国家は偽信の国家なのである。完成された国家が、国家の普遍的な本質のなかに存在する欠陥のために、その諸前提の一つに宗教を数えいれているのか、それとも未完成の国家が、その特別なあり方のなかに存在する欠陥のために、欠陥のある国家として、宗教をみずからの基礎であると宣言しているのか、この二つの場合の間には大きな相違がある。後者の場合には、宗教は不完全な政治となる。前者の場合には、完成された政治でさえもっている不完全さが宗教のなかに現われるのである。いわゆるキリスト教国家は、みずからを国家として完成するために、キリスト教を必要としている。民主的な国家、現実的な国家は、みずからの政治的完成のために、宗教を必要としない。この国家はむしろ宗教を度外視することができる。というのは、この国家においては、宗教の人間的基礎が現世的なかたちで仕上げられているからである。それとは反対に、いわゆるキリスト教国家は、宗教に対しては政治的な態度を、政治に対しては宗教的な態度を、とるのである。この国家は、国家諸形態を見せかけのものに引きおとすが、それと同様に、宗教をも見せかけのものに引きおとすのである。

このような対立を明瞭にするために、バウアーによるキリスト教国家の構成を考察することにしよう。その構成は、キリスト教的＝ゲルマン的国家の観察から引きだされたものである。

バウアーは述べる。「最近、キリスト教国家というものが不可能であること、または実在しないことを証明するために、〔現在の〕国家が守っていないばかりか、国家が〔国家として〕みずからを完全に解体してしまう意思がない以上は、けっして守ることができないような、そうした福音書[10]の言葉が、しばしば引合いにだされている。」「だが、この問題はそう容易には片づかない。いったい福音書のそういう言葉は、何を要求しているか？　超自然的な自己否定、啓示の権威への服従、国家からの離反、現世的な諸関係の廃棄、である。ところで、これらすべてのことをキリスト教国家は要求し遂行する。キリスト教国家は福音書の精神をわがものとしている。キリスト教国家がたとえこの精神を、福音書が表現しているのと文字どおり同じ言葉で再現していないとしても、それはただ、キリスト教国家がこの精神を国家の諸形式で表現しているからにすぎない。すなわち、たしかに現世における国家制度から借りてきた形式ではあるが、それらが経験せざるをえない宗教的復活にあたっては、見せかけのものへと引きさげられるような諸形式で、表現しているからにすぎない。キリスト教国家は、国家の諸形式を利用して遂行されるところの、国家からの離反なのである。」（五五ページ）。

ところでバウアーはさらに議論を展開する。すなわち、キリスト教国家の国民は、国民とはいえないものにすぎず、もはや自分自身の意志をもたず、自分の真の存在を自分が臣従している君主のなかにもっており、しかもこの君主は、もともと、そしてその本性からいって、国民にとって疎遠なもの、すなわち神によって与えられ国民自身の参与なしに国民のところに現われたものであること、またこの国民の法律は、彼らのつくったものではなく、既成の啓示であること、さらにまた、君主は本来の国民、大衆との間に、特権を与えられた媒介者を必要とすること、この大衆自身は、偶然につくられ規定された多くの特殊な集団に分裂し、これらの集団はその利害、特殊な情熱や偏見によって相互に区別されており、相互に他を排除しあう許可を特権として獲得していること、等々を論ずるのである。（五六ページ）。

しかしバウアー自身こう語っている。

「もし政治が宗教以外のものであってはならないとすれば、政治は政治であることが許されない。それは、ちょうど鍋の洗浄が宗教的行事と考えられるべきであるならば、それが家事と見なされることが許されないのと同様である。」（一〇八ページ）。

だがしかし、キリスト教的＝ゲルマン的国家では、宗教が「家事」であり、同様に「家事」が宗教である。キリスト教的＝ゲルマン的国家では、宗教の支配は支配の宗教である。

「福音の文字」から「福音の精神」を分離することは、不信心の所業である。福音を政治の文字で、すなわち聖霊の文字以外の文字で語らせる国家は、たとえ人間の目の前ではないとしても、その国家自身の宗教的な目の前で、瀆神行為を犯しているのである。キリスト教を最高の規範として、聖書を憲章として、信奉している国家に対しては、聖書の言葉を対置しなければならない。なぜなら聖書は、その言葉の末にいたるまで神聖なものだからである。国家が「守っていないばかりか、国家が国家として完全に解体してしまう意思がない以上は、けっして守ることができない」ような福音書の言葉が引合いにだされるとき、この国家も、その基礎となっている塵のような人間たちも、宗教的意識の立場からは克服することができない痛ましい矛盾におちいることになる。では、なぜ国家は完全に解体してしまう意思をもたないのであろうか？　国家自身このことについて、自分にも他人にも答えることができない。この国家自身の意識にとっては、公式のキリスト教国家は、実現不可能な当為なのであり、ただ自分自身を偽瞞することによってしかその存在の現実性を確かめることができず、それゆえに国家自身にとって、つねに疑惑の対象に、あてにならず、いかがわしい対象にとどまっている。したがって、批判が聖書に根拠を求める国家を強制して意識の錯乱におちいらせ、もはや国家自身、自分が空想されたものか現実のものか判らないようにして、宗教の仮面をかぶっている国家の現世的諸目的の醜悪さと、宗教を現世の目的と思っている国家の宗教的意識の高潔さとが、解決できない葛藤におちいるようにさせるとき、この批判はまったく正当なのである。この国家は、カトリック教会の手先となるときにだけ、自分の内なる苦悩から救われることができる。現世的権力を自分の奉仕団であると宣言するカトリック教会にくらべると、国家は無力である。つまり宗教的精神の支配者であると主張する現世的権力は無力なのである。

いわゆるキリスト教国家では、たしかに疎外が重んじられているが、しかし人間は重んじられていない。重んじられている唯一の人間、国王は、他の人間から特別に区別された存在であるが、しかもなお、天国と神とに直接に結びつく宗教的な存在である。ここで幅をきかせている関係は、なおまだ信仰上の関係である。したがって宗教的精神は、まだ実際に現世化されてはいないのである。

しかしまた、宗教的精神は実際に現世化されることができないものなのである。なぜなら、宗教的精神自身、人間精神のある発展段階の非現世的な形態以外の何ものでもないからである。宗教的精神が現実化されうるのは、ただ宗教的精神によって宗教的に表現されていた人間精神の発展段階が、その現世的な形態において現われ出て確立される場合だけである。このことは民主的国家において実現する。キリスト教ではなく、キリスト教の人間的基礎が、この国家の基礎である。ここでも宗教は、その国家の成員たちの観念的な非現世的な意識として存続する。というのは、宗教は、その国家において実現される人間的発展段階の観念的な形態だからである。

政治的国家の成員が宗教的であるのは、個人的生活と類的生活とが、すなわち市民社会の生活と政治的生活とが二元的であるためであり、人間が自分の現実的な個体性の彼岸にある国家生活に対して、それが自分の真の生活であるかのようにふるまうがためであり、そこで宗教が市民社会の精神であり、人間と人間との分離と疎隔の表現であるからである。政治的民主主義がキリスト教的であるのは、この民主主義において、人間が、ただ一人の人間ではなくそれぞれの人間が、至高の最高の存在とみなされるからである。しかもその人間は、教化されていない非社会的な現われ方をしている人間であり、偶然的なあり方における人間であり、日常あるがままの人間であり、現代社会の全機構のために堕落し、自分自身を失い、他に売り渡され、非人間的な諸関係や諸要素の支配のもとにおかれている人間であり、一言でいえば、まだけっして現実的な類的存在ではない人間なのであるが、そのような人間が至高の最高の存在とみなされるがゆえに、民主主義はキリスト教的なのである。キリスト教の幻想であり夢であり要請であった人間の至高さ、しかも現実の人間とは区別された別の存在としての人間の至高さが、民主主義においては感性的な現実性であり、現に存在するものであり、現世的な準則なのである。

完成された民主主義においては、宗教的で神学的な意識は、外見上政治的な意義も、現世的な目的ももたず、厭世的心情の事柄、偏狭な悟性の表現、気まぐれと空想の産物であることになり、実際には彼岸の生活であることになるから、宗教的で神学的な意識そのものは、自分がそれだけますます宗教的であり神学的であるように思うのである。ここでは、キリスト教はその世界宗教的意味の実際的な表現を獲得するが、それは、きわめて多様な世界観がキリスト教の形式のもとで相互に並んでグループをつくるからであり、さらにまたキリスト教は他の人びとに対しけっしてキリスト教の要求を出さず、ただ宗教一般の要求、つまり何らかの宗教の要求だけを出すからである(ボーモンの前掲書を参照)。宗教的意識は、豊富な宗教的対立と豊富な宗教的多様性とを満喫するのである。

こうしてわれわれは次のことを示した。すなわち、宗教からの政治的解放は、たとえ特権的な宗教をなくしたとしても、宗教を存続させるということである。ある特別の宗教の信者が自分の公民としてのあり方と矛盾をもつとき、その矛盾は、政治的国家と市民社会とのあいだの一般的で現世的な矛盾の一部にすぎない。完成されたキリスト教国家とは、自分を国家として信奉し、その成員たちの宗教を度外視する国家である。宗教からの国家の解放は、宗教からの現実的人間の解放ではない。

したがってわれわれは、バウアーのように、ユダヤ人たちにむかって、君たちはユダヤ教から自分を根底的に解放することなしには、政治的に解放されえないなどとは言わない。われわれはむしろ彼らにこう言う。君たちはユダヤ教から完全に、そして矛盾なく訣別しなくても、政治的には解放されうるのだから、政治的解放そのものは人間的解放ではない。君たちユダヤ人が、自分自身を人間的に解放することなしに政治的に解放されたいと欲しているとすれば、中途半端と矛盾とは君たちのなかにだけあるのではなく、政治的解放の本質とカテゴリーのなかにもあるのだ。君たちがこのカテゴリーにとらわれているとすれば、君たちは一般的な偏見を分けもっているのである。国家が、国家であるにもかかわらず、ユダヤ人に対してキリスト教的にふるまうとき、国家は福音を説いていることになるが、同様に、ユダヤ人が、ユダヤ人であるにもかかわらず、公民権を要求するとき、ユダヤ人は政治を論じているのである。

だが、人間が、ユダヤ人でありながら、政治的に解放され、公民権を受けとることができるとすれば、彼はいわゆる人権を要求し受けとることができるであろうか。バウアーはこれを否定する。

「問題は、ユダヤ人そのものが、すなわち、自分の真の本性によって、他の人たちから永遠に分離して生活することを余儀なくされているのだと自認しているユダヤ人が、一般的な人権を受けとり、また他の人たちにそれを認める資格があるかどうか、という点にある。」

「人権の思想は、キリスト教世界にとってはやっと前世紀に発見されたばかりである。この思想は、人間に生まれながら具わっているものではなく、むしろ人間がこれまでそのなかで教育されてきた歴史的伝統に対して闘争することを通じて、はじめて獲得されるものである。したがって人権は、自然の贈り物でもなく従来の歴史の持参金でもなくて、出生の偶然に対する闘争の報償であり、また歴史がこれまで代々伝え遺してきた諸特権にたいする闘争の報償である。それは教養〔自己形成〕の成果なのであって、それを自力で獲得した者だけがそれを所有することができるのである。」

「では、それ〔人権〕をユダヤ人が実際に手にいれることができるであろうか？　彼がユダヤ人である限り、彼をユダヤ人たらしめている偏狭な本質の方が、彼を人間として人間たちに結びつけるはずの人間的本質にうちかって、彼を非ユダヤ人から分離せずにはおかない。このような分離によって、彼は、彼をユダヤ人たらしめる特殊な本質が彼の真の最高の本質であって、その前では人間としての本質も後退せざるをえないことを宣言するのである。」

「それと同様に、キリスト教徒もキリスト教徒としては、どのような人権も認めることはできない。」（一九、二〇ページ）。

バウアーによれば、人間は、一般的な人権を受けとるためには、「信仰の特権」を犠牲にしなければならない、というのである。ここでしばらく、いわゆる人権というもの、しかもその本来の姿のもとでの人権、つまり、その発見者である北アメリカ人とフランス人のところでもっている姿での人権を考察してみることにしよう。この人権の一部分は、政治的な権利、すなわち他の人たちと共同でしか行使されない権利である。共同体への参加、しかも政治的共同体すなわち国家制度への参加が、その内容となっている。それらは、政治的自由のカテゴリーに、公民権のカテゴリーに属するのであるが、それらの権利は、われわれが見たように、けっして宗教、したがってまたたとえばユダヤ教を矛盾なく積極的に廃棄することを前提するものではないのである。ところで、人権のなかの他の部分が、考察されるべきものとして残されている。それは、公民の権利〔droits du citoyen〕とは区別される限りでの人間の権利〔droits de l'homme〕である。

この人間の権利のなかには、良心の自由、すなわち任意の祭祀をおこなう権利がふくまれている。信仰の特権が、人権の一つとしてか、さもなければ人権の一つである自由の帰結として、はっきりと承認されている。

「人間および公民の権利宣言」一七九一年、第一〇条にこう書かれている。「何びともその意見について、それがたとえ宗教上のものであっても、これについて不安をもたないようにされなければならない。[11]」一七九一年の憲法第一編では、「すべての人が、その属する宗教的祭祀をおこなう自由」が人権として保証されている。

「人間……の権利宣言」一七九三年は、人権のなかに第七条の「祭祀の自由な実行」を数えいれている。それどころか、その思想および意見を表明し、集会し、祭祀を実行する権利については、「これらの権利を声明する必要は、専制主義の現存またはその近時の記憶を前提としている」とさえ書かれている。一七九五年の憲法、第一四編、第三五四条を参照されたい。

「ペンシルヴァニア州憲法」第九条、第三項、「すべての人間は、その良心のすすめに従って全能の神を崇拝する不滅の権利を自然から受けとったのである。そして何ぴとといえども、その意に反して何らかの祭祀または勤行に従ったり、それらを創始したり、それらを支持したりすることを、法律によって強制されることはできない。人間的権威は、それがいかなるもの、いかなる場合でも、良心の問題に干渉したり、精神の力を支配してはならない。」

「ニュー・ハンプシャー州憲法」第五条、第六条、「自然権のうちいくつかは、それらと同じ価値のものがありえないがゆえに、本性上、他に譲渡できない。良心の権利はその一つである。」（ボーモン、前掲書、二一三、二一四ページ）。

宗教が人権と合致しえないなどということは、人権の概念のなかに含まれておらず、むしろ、宗教的であるという権利、任意の仕方で宗教的である権利、自分の特殊な宗教の祭祀を実行する権利が、はっきりと人権のなかに数えいれられているのである。信仰の特権は一般的な人権の一つなのである。

人間の権利〔droits de l'homme〕すなわち人権は、そのものとしては、公民の権利〔droits du

citoyen〕すなわち公民権から区別される。公民〔citoyen〕から区別された人間〔homme〕とは誰なのか？　市民社会の成員にほかならない。なぜ市民社会の成員は「人間」、たんなる人間と呼ばれ、なぜ彼の権利は人権と呼ばれるのであろうか？　どこからこの事実をわれわれは説明するのか？　市民社会にたいする政治的国家の関係からであり、政治的解放の本質からである。

何よりまずわれわれは、次の事実を確認しよう。すなわち、いわゆる人権、つまり公民の権利〔droits du citoyen〕から区別された人間の権利〔droits de l'homme〕は、市民社会の成員の権利、つまり利己的人間の権利、人間および共同体から切り離された人間の権利にほかならないということである。もっともラディカルな憲法である一七九三年の憲法に言わせれば、こうである。

「人間および公民の権利宣言」

第二条、「これらの権利（自然的で不滅の権利）は、平等、自由、安全、所有権である。」

自由は、実際にどの点に存するのか？

第六条、「自由は、他人の権利を害しないことはすべてなしうるという、人間の権能である。」

あるいは、一七九一年の人権宣言によれば、「自由は、他人を害しないことはすべてなしうるところにある。」

したがって自由とは、他の誰にも害にならないことはすべて、行なったり行なわせたりできる権利である。各人が他人を害しないで行動できる限界は、ちょうど二つの畑の境界が垣根の杭できめられているように、法律によってきめられている。ここで問題とされているのは、孤立して自分のなかに閉じこもっているモナド〔単子〕としての人間の自由なのである。バウアーによると、なぜユダヤ人は人権を受けとる資格がないのか？

「彼がユダヤ人である限り、彼をユダヤ人たらしめている偏狭な本質の方が、彼を人間として人間たちに結びつけるはずの人間的本質にうちかって、彼を非ユダヤ人から分離せずにはおかない。」

しかし、自由という人権は、人間と人間との結合にもとづくものではなく、むしろ人間と人間との分離にもとづいている。それは、このような分離の権利であり、局限された個人の権利、自己に局限された個人の権利である。

自由という人権の実際上の適用は、私的所有という人権である。

私的所有という人権は、実際にはどの点に存するのか？

第一六条(一七九三年の憲法)「所有権は、すべての公民が、自分の財産、自分の所得、自分の労働および労務の成果を、任意に享受し、また処分する権利である。」

したがって、私的所有という人権は、任意に、他人と関わりなしに、社会から独立に、自分の資産を享受したり処分したりする権利、つまり利己の権利である。先に述べた個人的自由と、いま述べたそれの適用とが、市民社会の基礎となっている。市民社会は、各人が他人のなかに自分の自由の実現ではなく、むしろその制限を見いだすようにさせているのである。そして市民社会は、何よりまず次のような人権を宣言する。すなわち

「自分の財産、自分の所得、自分の労働および労務の成果を、任意に享受し、処分する」人権である。

そのほかに、平等〔égalité〕と安全〔sûreté〕という人権が残っている。

ここで用いられている非政治的な意味での平等とは、いま述べた自由の平等ということにほかならない。すなわち、各人が等しくそのような自立自存のモナドとみなされることにほかならない。一七九五年の憲法は、この平等の概念を、その意味にふさわしく、こう規定している。

第三条（一七九五年の憲法）、「平等とは、法律が保護するにせよ処罰するにせよ、すべての者にとって同一であるところに存する。」

そして安全とは？

第八条（一七九三年の憲法）、「安全とは、社会がその成員のおのおのに、彼の人身、彼の権利および彼の所有権の保全のため、保護を与えることに存する。」

安全というのは、市民社会の最高の社会的概念であり、全社会はその成員のおのおのに、彼の人身、彼の権利および彼の財産の保持を保障するためにだけ存在するという、警察の概念である。

ヘーゲルはこの意味で市民社会を「強制国家、悟性国家(12)」と呼んでいる。

安全の概念によって、市民社会はその利己主義を越え出るわけではない。安全とは、むしろその利己主義の保障なのである。

それゆえ、いわゆる人権のどれ一つとして、利己的な人間、市民社会の成員としての人間、すなわち、自分自身だけに閉じこもり、私利と私意とに閉じこもって、共同体から分離された個人であるような人間を越え出るものではない。人間は人権において類的存在とみなされたどころか、むしろ類的生活そのものである社会は、諸個人にとって外的な枠として、彼らの本来の自立性の制限として現われるのである。彼らを結合する唯一の紐帯は、自然的必要、欲求と私利であり、彼らの財産と彼らの利己的人身との保全である。

みずからを解放し、民族のさまざまな成員間をさえぎる障壁をすべて粉砕し、一つの政治的共同体を建設することを始めたばかりの民族、このような民族が、隣人からも共同体からも切り離された利己的人間の権利承認を堂々と宣言したこと(一七九一年の宣言)、それどころか、もっとも英雄的な献身だけが国民を救うことができ、それゆえにこうした献身が是非とも要求されるような瞬間、市民社会のあらゆる利益を犠牲にすることが日程にのせられ、利己主義が犯罪として罰されねばならないような瞬間に、このような宣言が繰り返されたこと(一七九三年の人間……の権利宣言)は、すでにそれだけでも一つの謎である。さらに、公民的性格、政治的共同体が、政治的解放者たちによって、これらのいわゆる人権の保持のための手段にまで格下げされ、したがって公民〔citoyen〕は利己的な人間〔homme〕の下僕であると宣言され、人間が共同的存在としてふるまう領域が、部分的存在としてふるまう領域の下に引きおとされ、結局のところ、公民〔citoyen〕としての人間ではなく、ブルジョア〔bourgeois〕としての人間が、本来のそして真の人間だと受けとられたことを見るとき、あの事実はますます謎を深める。

「あらゆる政治的結合の目的は、人間の自然的にして不滅なる諸権利の保全にある」（一七九一年の権利宣言、第二条）「政府は、人間に彼の自然的にして不滅なる諸権利の享受を保障するために設けられる。」（一七九三年の宣言、第一条）。

このように、政治的生活のまだ新鮮な熱狂が事態の急迫によって頂点にまで達した瞬間においてさえ、政治的生活は、市民社会の生活を目的とする一つのたんなる手段にすぎぬと宣言されたのである。たしかに、その革命的実践はその理論と明白に矛盾している。たとえば安全が人権の一つとして宣言されていながら、信書の秘密の侵害が公然と日程にのせられた。「出版の無制限な自由」（一七九三年の憲法、第一二二条）が個人の自由という人権の帰結として保障されながら、出版の自由は踏みにじられた。なぜなら、「出版の自由は、それが公共の自由を危くする場合には、許されるべきではない」(弟ロベスピエール[13]の言葉、ビュシュ[14]とルー[15]の共著『フランス革命議会史』第二八巻、一五九ページ)とされたからである。したがって、自由という人権は、政治的生活と衝突するやいなや、権利であることをやめるわけであるが、他方、理論の上では政治的生活は人権の保障、個人的人間の権利の保障にすぎず、したがってその目的である人権と矛盾するやいなや廃棄されねばならぬことになっているのである。しかし、実践はただ例外にすぎず、理論が準則なのである。ところで、たとえ革命的実践をこの関係の正しいあり方と考えようとしても、それでもなお、なぜ政治的解放者たちの意識のなかでこの関係が逆立ちになっていて、目的が手段として、手段が目的として、現われるのかという謎は、依然として解けないままに残る。彼らの意識に映るこの錯覚は、たとえその場合は心理的な理論的な謎であるとしても、相変らず同じ謎であるだろう。

この謎は簡単に解ける。

政治的解放は、同時にまた、人民から疎外された国家制度の基礎であり支配権力の基礎である古い社会の解体でもある。政治的革命は、市民社会の革命である。古い社会の性格はどのようなものであったか? それは一言で特徴づけることができる。すなわち、封建制である。古い市民社会は直接に、政治的性格をもっていた。すなわち、たとえば財産とか家族とか労働の仕方とかという市民生活の諸要素は、領主権、身分、職業団体《コルポラツィオン》(16)といったかたちで、国家生活の諸要素に高められていた。これらの要素は、このようなかたちで、個々人の国家全体にたいする関係、すなわち彼の政治的関係、つまり社会の他の構成部分から彼が分離され閉め出されている関係を、規定していたのである。なぜなら、人民生活のこのような組織は、財産とか労働とかを社会的な要素にまで高めないで、むしろそれらを国家全体から完全に分離し、それらによって社会のなかの特殊な諸社会をつくりあげたからである。それでもなお、市民社会の生活諸機能や生活諸条件は、封建制の意味でではあるが、相変らず政治的であった。すなわち、それらの生活諸機能や生活諸条件は、個人を国家全体から閉め出しながら、個人の属する職業団体の国家全体にたいする特殊な関係を、人民生活にたいする彼自身の普遍的関係に変えるとともに、個人の特定の市民的な活動と状況を彼の普遍的な活動と状況に変えてしまったのである。こうした組織の帰結として、必然的に国家統一が、そしてまた国家統一の意識、意志、活動である普遍的な国家権力が、これもまた同様に、人民から切り離された支配者とその家臣たちの特殊な業務《アンゲレーゲンハイト》として現われるのである。

この支配権力を打倒し、国家の業務を人民の業務にまで高めた政治的革命、政治的国家を普遍的な業務として、つまり現実的な国家として確立した政治的革命は、共同体からの人民の分離をそれぞれ表現していたすべての身分、職業団体、同業組合《インヌング》、特権を必然的に粉砕した。それによって政治的革命は、市民社会の政治的性格を揚棄した。それは市民社会をその単純な構成諸部分にうち砕いたのであって、一方では諸個人に、他方ではこれらの個人の生活内容、市民的状況を形づくる物質的および精神的諸要素にうち砕いたのである。政治的革命は、いわば封建社会のさまざまな袋小路のなかへ分割され解体され分散していた政治的精神を、その拘束から解き放った。つまり政治的革命は、この政治的精神を分散状態から寄せ集め、市民生活との混合状態から解放して、それを共同体の領域として、すなわち市民生活のあの特殊な諸要素から観念的に独立した普遍的な人民的業務の領域として、確立したのである。特定の生活活動と特定の生活状況とは、ただ個人的な意味しかもたないものになり下った。それらはもはや国家全体に対する個人の普遍的関係を形づくらなくなった。公的な業務そのものが、むしろ各個人の普遍的業務となり、政治的機能が各個人の普遍的機能となったのである。

しかし、国家の観念主義《イデアリスムス》の完成は、同時に、市民社会の物質主義《マテリアリスムス》の完成でもあった。政治的な軛《くびき》を振りはらったことは、同時に市民社会の利己的な精神をしばりつけていた絆《きずな》を振りはらったことでもあった。政治的解放は、同時に政治からの市民社会の解放、普遍的内容であるかのような外見そのものからの市民社会の解放でもあった。

封建社会は、その基礎へ、つまり人間へ、解消された。ただしそれは、実際にその基礎をなしていたような人間、つまり利己的な人間への解消であった。

市民社会の成員であるこのような人間が、いまや政治的国家の土台であり前提である。この人間は、そのような土台、前提として、もろもろの人権において政治的国家により承認されている。

しかし、利己的な人間の自由とこの自由を承認することは、むしろ彼の生活内容を形づくる精神的および物質的諸要素のとめどもない運動を承認することである。

それゆえ、人間は宗教から解放されたのではなく、宗教の自由を得たのである。人間は所有から解放されたのではない。所有の自由を得たのである。人間は営業の利己主義から解放されたのではなく、営業の自由を得たのである。

政治的国家の構成と独立の諸個人への市民社会の解体――身分的人間たちおよび同業組合的人間たちの相互関係が特権であったように、独立の諸個人の相互関係は権利である――とは、同じ一つの行為によって完成される。ところで、市民社会の成員としての人間、非政治的人間は、必然的に自然的な人間として現われる。人間の権利〔droits de l'homme〕は自然権〔droits naturels〕として現われる。なぜなら、自覚的な活動は政治的行為に集中されてしまうからである。利己的な人間は、社会の解体から生じた受動的な、ただ目の前にあるというだけの結果であり、直接的確実性の対象であり、それゆえに自然的な対象である。政治的革命は、市民生活をその構成部分に解体しはするが、これらの構成部分そのものを革命的に変革し批判することはしない。政治的革命は市民社会、すなわち欲求と労働と私的利益と私的権利の世界に対し、自分の存立の基礎に対するように、つまり何かそれ以上基礎づけられない前提、したがって自分の自然的土台に対するように、ふるまうのである。結局のところ、市民社会の成員としての人間が、本来の人間とみなされ、公民〔citoyen〕とは区別された人間〔homme〕とみなされる。なぜなら、政治的人間がただ抽象された人為的につくられた人間にすぎず、比喩的な精神的な人格としての人間であるのに対し、市民社会の成員としての人間は、感性的な、個体的な、もっとも身近なあり方における人間だからである。現実の人間は利己的な個人の姿においてはじめて認められ、真の人間は抽象的な公民〔citoyen〕の姿においてはじめて認められるのである。

政治的人間の抽象化をルソーは次のように正しく描きだしている。

「一つの人民に制度を与えようとあえて企てるほどの人は、いわば人間性を変える力をもつと確信でき、それ自体で一つの完全で孤立した全体であるところの各個人を、より大きな全体の部分に変え、その個人がいわばその生命と存在とをその全体から受けとるようにすることができ、身体的で独立的な存在の代りに、部分的で精神的な存在をおくことができるという確信をもつ人であるべきだ。人間から彼の固有の力を取り去って、彼にとってこれまで縁のなかった力、他の人たちの助けを借りなければ使えないところの力を彼に与えなければならないのである。(17)」(『社会契約論』第二編、ロンドン、一七八二年、六七ページ)。

あらゆる解放は、人間の世界を、諸関係を、人間そのものへ復帰させることである。

政治的解放は人間を、一方では市民社会の成員、利己的な独立した個人へ、他方では公民、精神的人格へと還元することである。

現実の個体的な人間が、抽象的な公民を自分のなかに取り戻し、個体的な人間でありながら、その経験的生活、その個人的労働、その個人的諸関係のなかで、類的存在となったとき、つまり人間が彼の「固有の力」(forces propres)を社会的な力として認識し組織し、したがって社会的な力をもはや政治的な力というかたちで自分から分離しないとき、そのときはじめて、人間的解放は完遂されたことになるのである。

二　ブルーノ・バウアー『現代のユダヤ人とキリスト教徒の自由になりうる能力』(『二一ボーゲン』、五六―七一ページ)

右のようなかたちで、バウアーはユダヤ教とキリスト教の関係、およびこれら両者の、批判に対する関係を取り扱っている。批判に対する両宗教の関係とは、「自由になりうる能力に対する」両宗教の関係のことである。

その結果はこうである。

「宗教一般を廃棄するためには」、したがって自由になるためには、「キリスト教徒はただ一つの段階を、つまり自分の宗教を乗り越えさえすればよいのであるが、これに反してユダヤ人は、自分のユダヤ教的本質と手を切るだけでなく、自分の宗教の完成の展開、つまり彼にとってこれまで疎遠であった展開とも訣別しなければならない。」(七一ページ)。

こうしてバウアーは、ここでユダヤ人解放の問題を、一つの純粋に宗教的な問題に変えている。

ユダヤ人とキリスト教徒のどちらの方が救済される見込みが強いか、という神学的疑惑が、両者のどちらの方が解放されうる能力に富むか、という啓蒙されたかたちで繰り返されている。さすがに、もはやユダヤ教とキリスト教のどちらが解放するかが問題にされているのではなく、むしろ反対に、ユダヤ教の否定とキリスト教の否定のどちらがよりよく解放するかが問題とされているのである。

「ユダヤ人たちが自由になりたいと欲するのならば、彼らはキリスト教を信奉する必要はなく、キリスト教の解消、宗教一般の解消を信奉することが必要である。すなわち、啓蒙主義、批判、およびその成果である自由な人間性を信奉する必要がある。」(七〇ページ)。

なおまだ信奉することが、ユダヤ人にとって問題なのだ。ただし、もはやキリスト教の信奉ではなく、キリスト教の解消の信奉ではあるが。

バウアーはユダヤ人に対して、キリスト教の本質と訣別するよう要求しているが、これは、彼自身述べているように、ユダヤ教の本質の展開からは出てこないような要求である。

バウアーは『ユダヤ人問題』の結論のところで、ユダヤ教をただキリスト教に対する素朴な宗教的批判としてのみ把握し、したがってユダヤ教から「ただ」宗教的な意味しか汲みとっていなかったのであるから、ここでユダヤ人の解放もまた、一つの哲学的・神学的な行為と化せられるだろうことは、予想されることであった。

バウアーは、ユダヤ人の観念的な抽象的な本質、つまりその宗教を、ユダヤ人の本質の全体と考える。それゆえバウアーは、次のように結論するのは当然のことである。「ユダヤ人がその偏狭な戒律を自分で蔑視するとしても」、つまりユダヤ教全体を廃棄するとしても、「ユダヤ人は人類に何ものも貢献しない。」(六五ページ)。

したがって、ユダヤ人とキリスト教徒との関係は、次のようなものとなる。ユダヤ人の解放に対してもつキリスト教徒の唯一の関心は、普遍人間的な関心、つまり理論的な関心である。ユダヤ教は、キリスト教徒の宗教的な目にとって、目ざわりな事実である。その目が宗教的であることをやめるやいなや、この事実は目ざわりでなくなる。ユダヤ人の解放は、それ自体として、キリスト教徒にとっての仕事などではないのである。

これに反して、ユダヤ人は、自分を解放するためには、自分自身の仕事だけでなく、同時にまた「共観福音書筆者たちの批判(18)」、「イエス伝(19)」等々といったキリスト教徒の仕事をもやり遂げねばならない。

「ユダヤ人たちは、自分でやってみるがよい。彼らは自分たちの運命を自分たちできめるだろうが、しかし歴史は侮れないものなのだ。」(七一ページ)。

われわれは、神学的な問題の立て方を打破するよう試みることにしよう。われわれにとっては、ユダヤ人の解放能力の問題は、ユダヤ教を廃棄するためには、どのような特別な社会的基盤を克服すべきなのか、という問題に変る。なぜなら、現在のユダヤ人の解放能力は、現在の世界の解放に対するユダヤ教の関わりのことだからである。この関わりは、現在の抑圧された世界におけるユダヤ教の特殊な立場から必然的に生じてくるものである。

われわれは、現実の世俗的なユダヤ人を見ることにしよう。すなわち、バウアーが見ているような安息日のユダヤ人ではなく、平日のユダヤ人を見よう。

ユダヤ人の秘密を彼らの宗教のなかに探るのではなく、その宗教の秘密を現実のユダヤ人のなかに探ることにしよう。

ユダヤ教の現世的基礎は何か？　実際的な欲求、私利である。

ユダヤ人の世俗的な祭祀は何か？　あくどい商売である。彼の世俗的な神は何か？　貨幣である。

よろしい！　それではあくどい商売からの、そして貨幣からの解放が、したがって実際の現実的なユダヤ教からの解放が、現代の自己解放だということになろう。

あくどい商売の諸前提を、したがってあくどい商売の可能性を廃棄するような社会が、もし組織されていたならば、ユダヤ人というあり方は不可能にされていたことであろう。ユダヤ人の宗教的意識は、気の抜けた水蒸気のように、社会の現実的な生活の息吹きのなかに消え去ることであろう。他方、ユダヤ人が自分のこの実際的な本質を無価値なものと認め、その廃棄のために活動するならば、彼は自分の従来の発展から抜けでて、人間的解放そのものに従事し、そして人間の自己疎外の最高の実際的表現に反対することになる。

したがって、われわれはユダヤ教のなかに、普遍的な現代的反社会的要素を認める。この要素は、ユダヤ人がこの下劣な関係のなかで熱心に力をかしている歴史的発展を通じて、現在の高さにまでたかめられたものであり、この高さのところで、この要素は必然的に解消せざるをえないのである。

ユダヤ人の解放は、その究極の意味において、ユダヤ教からの人類の解放である。

ユダヤ人は、すでにユダヤ的な仕方で自分を解放している。

「たとえばウィーンではただ大目にみられているにすぎないユダヤ人が、その金力によって全帝国の運命を決定している。ドイツの最小の国においてさえ無権利でありうるユダヤ人が、ヨーロッパの命運を決している。職業団体や同業組合《ツンフト》がユダヤ人を締めだしたり、彼らに対しまだ好意的でなかったりしているあいだに、産業の大胆さは、中世的制度の頑迷さを嘲笑しているのである。」(B・バウアー『ユダヤ人問題』一一四ページ)。

これはけっして他から分離している事実ではない。ユダヤ人がユダヤ的な仕方で自分を解放したのは、たんに彼らが金力を獲得したことによってではなく、貨幣が、彼らの手を通じてにせよ通じないでにせよ、世界の支配権力となり、実際的なユダヤ精神がキリスト教諸国民の実際的精神となったことによってなのである。ユダヤ人は、キリスト教徒がユダヤ人になっただけ、それだけ自分を解放したのである。

たとえばハミルトン大佐[20]は、こう報じている。「信心深く政治的に自由なニューイングランドの住民は、自分を締めつける蛇どもから身を振りほどくために何の努力もしないラオコーンのようなものである。マンモン〔財貨の神〕が彼らの偶像であり、彼らはこのマンモンを口であがめるだけでなく、心身のすべての力をあげてあがめるのである。現世は、彼らの目には取引の場以外の何ものでもなく、彼らは、隣人よりも金持ちになることのほかには現世に何らの使命もないと確信している。あくどい商売が彼らの考えのすべてを支配し、商品交換が彼らの唯一の楽しみである。旅行する場合にも、彼らは、いわば商業道具と勘定場とを背負って歩きまわり、話といえば利息と利益のことだけである。少しの間自分の商売から目を離すことがあっても、それはただ、他人の儲けをかぎつけるためである。」

たしかに、キリスト教世界に対するユダヤ教の実際的支配が、北アメリカでは、まぎれもない典型的なかたちをとっているので、福音を伝道すること自体、キリスト教の説教職自体が一つの商品となっているほどであり、破産した商人は、裕福になった説教師が商売をやって行くように、福音で商売をするのである。

「りっぱな修道会を率いているあの人は、始めは商人であった。商売に失敗して、聖職者になったのである。もう一人のこの人は聖職者から出発したが、いくらかまとまった金が自由になると、たちまち商売のために聖職を去ってしまった。多くの人びとにとって、聖職はれっきとした金もうけの道となっているのである。」(ボーモン、前掲書、一八五、一八六ページ)。

バウアーによれば、

「ユダヤ人は実際に巨大な力をもっており、細かい点では制限されているにしても全体としてはその政治的影響力を振るっているのに、理論上ではユダヤ人に政治的権利が与えられないのは、実状を偽るものである。」(『ユダヤ人問題』、一一四ページ)。

ユダヤ人の実際の政治力と彼の政治的権利とのあいだの矛盾は、政治と金力一般とのあいだの矛盾である。理念的には政治は金力に優越しているが、事実上では政治は金力の奴隷となっているのである。

ユダヤ教はキリスト教と並んで存続してきたが、それはたんにキリスト教への宗教的批判、キリスト教の宗教的由来に対する疑問の体現としてだけではない。それはまた実際的なユダヤ的精神、ユダヤ教がキリスト教社会そのもののうちに存続し、しかもこの社会のなかで最高の完成をとげたためでもある。市民社会のなかでの特殊な一成員という立場にあるユダヤ人は、市民社会のユダヤ教の特殊な現象であるにすぎないのだ。

ユダヤ教は、歴史にもかかわらず存続したのではなく、かえって歴史によって存続してきたのである。

市民社会はそれ自身の内臓から、たえずユダヤ人を生みだすのだ。

もともとユダヤ教の基礎となっているものは何であったか。実際的な欲求、利己主義である。それゆえユダヤ人の一神教は、現実においては多数の欲求の多神教であり、便所に行くことさえも神の律法の対象とするような多神教である。実際的な欲求、利己主義は市民社会の原理なのであり、市民社会が自分のなかから政治的国家をすっかり外へ生みだしてしまうやいなや、純粋にそういう原理として現われてくる。実際的な欲求と利己との神は貨幣である。

貨幣はイスラエルの妬み深い神であって、その前にはどんな他の神も存在することが許されない。貨幣は人間のあらゆる神々をおとしめ、それらを商品に変える。貨幣はあらゆる事物の普遍的な、それ自身のために構成された価値である。だからそれは全世界から、つまり人間界からも自然からも、それらに固有の価値を奪ってしまった。貨幣は、人間の労働と人間の現存在とが人間から疎外されたものであり、この疎遠な存在が人間を支配し、人間はそれを礼拝するのである。

ユダヤ人の神は現世的なものとなり、現世の神となった。手形がユダヤ人の現実的な神である。彼らの神は幻想的な手形にほかならない。

私的所有と貨幣との支配のもとで得られる自然観は、自然に対する現実的蔑視、実際上の格下げである。たしかにユダヤ教のなかにも自然は存在してはいるが、しかしそれはただ想像のなかに存在するにすぎない。

この意味でトマス・ミュンツァー(21)は、

「いっさいの被造物、水中の魚も空中の鳥も地上の草木も財産にされてしまっていること」は我慢がならないと宣言し、「被造物もまた解放しなければならない」と述べている。

ユダヤ教のなかに抽象的に含まれているもの、すなわち理論や芸術や歴史への蔑視、自己目的としての人間への蔑視は、金銭的人間の現実的な意識的な立場であり、彼の徳性である。類的関係そのもの、男女の関係、等々もまた取り引きの対象となるのだ！　女性が掛け値をつけて売られるのである。

ユダヤ人の幻想的な国籍は、商人の、一般に金銭的人間の国籍である。

ユダヤ人の根拠のない基礎のない戒律は、根拠のない基礎のない道徳と法律一般の宗教的戯画にほかならず、私利の世界を取り巻いている形式ばかりの諸儀礼の宗教的戯画にほかならない。

ここでもまた人間の最高の態度は、律法的な態度、律法に対する態度なのであり、これらの律法が妥当するのは、それが人間自身の意志と行動との法則であるためではなく、これらの律法が支配していて、戒律に背けば懲罰にあうためである。

ユダヤ的ジェスイット主義、すなわちバウアーがタルムード〔ユダヤ律法の口伝・解説を集めたもの〕のなかに指摘しているあの実際的なジェスイット主義は、私利の世界が自分を支配している律法に対してとる態度なのであり、これらの戒律の網の目をうまくくぐり抜けることがこの世界の主要な処世術なのである。

まさに、こうした律法の内部でこの〔私利の〕世界が活動することは、必然的に律法をたえず破棄することになるのだ。

ユダヤ教が宗教としてさらに展開し、理論的にさらに展開していくことはできなかった。というのは、実際的欲求の世界観は、その本性上狭く限られたものであり、数行で尽きるようなものだからである。

実際的な欲求の宗教は、その本質からいって、理論においてではなく、ただ実践においてのみ完成されることができた。それはまさに、その宗教の真髄が実践であるからにほかならない。

ユダヤ教はいかなる新しい世界をも創造することができなかった。それはただ新しく創造された世界と世界諸関係とを、自分の活動領域のなかに引きいれることができただけであった。というのは、私利を分別とする実際的な欲求は、ただ受動的にふるまうからであり、自分を勝手に拡張することなく、社会状態の進展とともに自分が拡張されるのを見いだすものだからである。

ユダヤ教は市民社会の完成とともにその頂点に達するが、しかし市民社会はキリスト教世界のなかではじめて完成する。あらゆる民族的、自然的、人倫的、理論的関係を人間にとって外的なものとするキリスト教の支配のもとでのみ、市民社会は国家生活から自分を完全に切り離し、人間のすべての類的紐帯を引き裂き、利己主義と利己的欲求をこの類的紐帯の代わりにおき、人間世界を相互に敵対しあうアトム的な個人たちの世界に解消することができたのである。

キリスト教はユダヤ教から発生した。それはふたたびユダヤ教のなかへと解消した。

キリスト教徒は、そもそものはじめから、観想的な態度をとるユダヤ人だったのであり、したがってユダヤ人は、実践的〔実際的〕なキリスト教徒なのであって、実践的キリスト教徒はふたたびユダヤ人となったのだ。

キリスト教は現実のユダヤ教をただ見せかけの上で克服していたにすぎない。それは実際的欲求の粗野さを蒼空への昇天による以外の方法で除き去るには、あまりにも高尚にすぎ、精神主義的にすぎたのである。

キリスト教はユダヤ教の崇高な思想であり、ユダヤ教はキリスト教の卑俗な適用である。しかしこの適用は、キリスト教が出来上がった宗教として、人間自身および自然からの人間の自己疎外を観想的に〔理論的に〕成しとげて後、はじめて一般的となることができたのである。

ここにおいてはじめて、ユダヤ教は一般的支配の地位に達し、外化された人間、外化された自然を、譲渡できるもの、売却できるもの、利己的な欲求に隷従し、あくどい商売の餌食となるものにすることができたのである。

譲渡することは、外化の実践である。人間は宗教にとらわれている限り、自分の本質を何か疎遠な幻想的な存在とすることによってしか、自分の本質を対象化するすべを知らないのであるが、同様に人間は、利己的欲求の支配下にあっては、自分の生産物および活動を疎遠な存在の支配下に置いて、それらに疎遠な存在――貨幣――の意義を付与するという仕方でしか、実践的に活動し、実践的に諸対象をつくりだすことができないのである。

キリスト教の浄福利己主義は、完全に実践された場合には、必然的にユダヤ人の肉体利己主義に一変し、天上の欲求は地上の欲求に、主観主義は私利に一変する。われわれはユダヤ人の強欲さを彼らの宗教から解き明かすのではなく、むしろ彼らの宗教の人間的基礎から、すなわち実際的欲求、利己主義から解き明かすのである。

ユダヤ人の現実的な本質が市民社会において普遍的に実現し、現世化したのであるから、市民社会はユダヤ人に彼らの宗教的本質——これは実際的欲求の観念的な見地にほかならない——が非現実的であることを納得させることができなかった。こうして、モーゼ五書やタルムードのなかだけでなく、現在の社会のなかに、われわれは今日のユダヤ人の本質を、或る抽象的な本質としてではなく、或るきわめて経験的な本質として見いだし、またたんにユダヤ人の偏狭さとしてではなく、社会のユダヤ的偏狭さとして見いだすのである。

社会がユダヤ教の経験的な本質であるあくどい商売とその諸前提を廃棄することに成功するやいなや、ユダヤ人というものはありえないことになる。というのは、もはやユダヤ人の意識は何らの対象ももたなくなるからであり、ユダヤ教の主観的基礎である実際的欲求が人間化されてしまうからであり、人間の個人的・感性的あり方とその類的あり方との衝突が揚棄されてしまうからである。

ユダヤ人の社会的解放は、ユダヤ教からの社会の解放である。

ヘーゲル法哲学批判序説

ヘーゲル法哲学批判

序　説

ドイツにとって宗教の批判は本質的にはもう果されているのであり、そして宗教の批判はあらゆる批判の前提なのである。

誤謬の天国的な祭壇とかまどのための祈り〔oratio pro aris et focis〕が論破されたからには、その巻添えをくって誤謬の現世的な存在も危くされている。天国という空想的現実のなかに超人を探し求めて、ただ自分自身の反映だけしか見いださなかった人間は、自分の真の現実性を探求する場合、また探究せざるをえない場合に、ただ自分自身の仮象だけを、ただ非人間だけを見いだそうなどという気にはもはやなれないであろう。

反宗教的批判の基礎は、人間が宗教をつくるのであり、宗教が人間をつくるのではない、ということにある。しかも宗教は、自分自身をまだ自分のものとしていない人間か、または一度は自分のものとしてもまた喪失してしまった人間か、いずれかの人間の自己意識であり自己感情なのである。しかし人間というものは、この世界の外部にうずくまっている抽象的な存在ではない。人間とはすなわち人間の世界であり、国家であり、社会的結合[22]である。この国家、この社会的結合が倒錯した世界であるがゆえに、倒錯した世界意識である宗教を生みだすのである。宗教は、この世界の一般的理論であり、それの百科全書的要綱であり、それの通俗的なかたちをとった論理学であり、それの唯心論的な、体面にかかわる問題〔point-d'honneur〕であり、それの熱狂であり、それの道徳的承認であり、それの儀式ばった補完であり、それの慰めと正当化との一般的根拠である。宗教は、人間的本質が真の現実性をもたないがために、人間的本質を空想的に実現したものである。それゆえ、宗教に対する闘争は、間接的には、宗教という精神的芳香をただよわせているこの世界に対する闘争なのである。

宗教上の悲惨は、現実的な悲惨の表現でもあるし、現実的な悲惨にたいする抗議でもある。宗教は、抑圧された生きものの嘆息であり、非情な世界の心情であるとともに、精神を失った状態の精神である。それは民衆の阿片である。

民衆の幻想的な幸福である宗教を揚棄することは、民衆の現実的な幸福を要求することである。民衆が自分の状態についてもつ幻想を棄てるよう要求することは、それらの幻想を必要とするような状態を棄てるよう要求することである。したがって、宗教への批判は、宗教を後光とするこの涙の谷〔現世〕への批判の萌しをはらんでいる。

批判は鎖にまつわりついていた想像上の花々をむしりとってしまったが、それは人間が夢も慰めもない鎖を身にになうためではなく、むしろ鎖を振り捨てて活きた花を摘むためであった。宗教への批判は人間の迷夢を破るが、それは人間が迷夢から醒めた分別をもった人間らしく思考し行動し、自分の現実を形成するためであり、人間が自分自身を中心として、したがってまた自分の現実の太陽を中心として動くためである。宗教は、人間が自分自身を中心として動くことをしないあいだ、人間のまわりを動くところの幻想的太陽にすぎない。

それゆえ、真理の彼岸が消えうせた以上、さらに此岸の真理を確立することが、歴史の課題である。人間の自己疎外の聖像が仮面をはがされた以上、さらに聖ならざる形姿における自己疎外の仮面をはぐことが、何よりまず、歴史に奉仕する哲学の課題である。こうして、天国の批判は地上の批判と化し、宗教への批判は法への批判に、神学への批判は政治への批判に変化する。

この序説に続く詳論(23)――右に述べた仕事への一寄与である――は、さしあたり原物ではなくて一つのコピーに関わり、ドイツの国家哲学や法哲学に関わるものであるが、その理由はほかでもなく、それがドイツに関わるものだからである。

もしもドイツの現状〔status quo〕そのものを問題としようとするならば、たとえ唯一の適切な仕方、つまり否定的な仕方でそれをやるとしても、その結果はつねに一つの時代錯誤であるだろう。わが国の政治的現在の否定でさえも、そのような否定はすでに、近代諸国民の歴史の物置小屋のなかに、埃をかぶった事実として見いだされるのである。髪粉をつけたかつらを否定したとしても、やはりまだ髪粉なしのかつらを身につけている。一八四三年のドイツの状態を否定したとしても、フランス暦からいえば、私はやっと一七八九年のところにいるかいないかであって、現在という時代の焦点に立っているどころではない。

まったく、ドイツの歴史が自讃しているのは、歴史の領域でどんな国民もまだやったこともなく、今後も真似することもあるまいと思われるような動きである。すなわち、われわれは近代諸国民と革命を共にしないで、ただ復古だけを共にしたのであった。われわれのところで復古がおこなわれたのは、第一に、他の諸国民があえて革命をおこなったからであり、そして第二に、他の諸国民が反革命の厄にあったからであり、はじめはわが国の支配者たちが恐怖を感じたからであり、次にはわが国の支配者たちが恐怖を感じなかったからである。われわれは、われわれの牧者を先頭に立てて、ついにたった一度だけ自由の社会に加わったのであるが、それは自由の社会の埋葬の日にであった。

今日の下劣さを昨日の下劣さによって正当化するような学派、鞭《むち》が年代を経たもの、先祖伝来のもの、歴史的なものでありさえすれば、その鞭に反抗する奴隷の叫びをことごとく反逆であると宣言するような学派、イスラエルの神がその下僕《しもべ》モーゼに対してそうしたように、歴史は事後的に〔a posteriori〕しかみずからを提示しないとするような学派、すなわち歴史法学派は、したがって、もしもこの学派がドイツ史の捏造の産物でないとしたら、ドイツ史を捏造したことであろう。シャイロック、ただし召使いであるシャイロックとして、この学派は、民族の胸から切り取られる肉一ポンドずつについて、自分の証文、自分の歴史的証文、自分のキリスト教的ゲルマン的証文を信じて疑わないのである。

それとは反対に、血はドイツ国粋派、頭は自由派の気の良い熱狂家たちは、われわれの自由の歴史を、われわれの歴史の彼方《かなた》に、チュートンの原始林のなかに求める。しかし、われわれの自由の歴史が森林のなかにしか見いだされないとしたら、それは猪《いのしし》の自由の歴史とどこが違うであろうか。周知のように、森のなかに向かって叫ぶと、その通りに森からこだまする。だから〔叫ぼう〕チュートンの原始林に平和こそあれ！

ドイツの状態には〔平和どころか〕たたかいこそあれ！　たしかにその通りだ！　その状態は歴史の水準以下にあり、あらゆる批判以下にあるが、しかし批判の対象であることに変りはない。それは人間性の水準以下にある犯罪者も、死刑執行人の対象であることに変りがないのと同様でである。ドイツの現状を相手にして闘争するさいには、批判は頭脳の情熱ではなく、情熱の頭脳である。批判はけっして解剖のメスなどではなく、一つの武器である。批判の対象は、論駁しようとする敵ではなく、絶滅しようとする敵である。なぜなら、ドイツの状態の精神はもう論駁されているからである。もともとドイツの状態は考える値うちがあるほどの対象ではなく、軽蔑されるべき、またすでに軽蔑されている存在なのである。批判自身としては、この対象と了解をつける必要はない。なぜなら、この対象との間柄はもう決着がついているからである。批判は、もはや自己目的としてなされるのではなく、ただ手段としてなされるだけである。批判の本質的な情念は憤激であり、その本質的な仕事は弾劾である。

あらゆるみじめさを温存することによって生きながらえ、それ自体が統治のみじめさにほかならないような統治組織の枠内に閉じこめられて、あらゆる社会層が相互に息苦しく圧迫しあい、無為の沈滞が一般化し、偏狭さが自負したりみずからを見誤ったりしている、こういう状態を描きだすことが肝要なのだ。

何という光景であろうか！　つまらない反感、悪しき心、野卑な凡庸さをもって対立しあう多種多様な種族へと、社会は際限もなく分裂していくのであり、これらの種族はまさにお互いどうしの表裏二面的な猜疑的な態度のために、方式こそさまざまであっても、すべて無差別に、彼らの支配者たちから認可された存在として取扱われるのである。そして、彼らが支配され、統治され、所有されているということさえも、彼らはこれを天国の与えてくれた認可として承認し告白せざるをえないのだ！　他方、その支配者たち自身も、その偉大さは彼らの数が増すのに反比例して減っていくのだ！

このような内容を相手にする批判は、つかみ合いの格闘としての批判なのであり、こうした格闘においては、相手が立派な、対等の敵であるか、興味のある敵であるかどうかは問題ではなく、相手をやっつけることが問題なのである。ドイツ人たちに自己欺瞞と諦観の余裕を瞬時も与えないことが肝要なのだ。彼らに抑圧を意識させることによって現実の抑圧をさらに重苦しいものとし、屈辱をあからさまに曝すことによって、それをさらに屈辱にみちたものにしなければならない。ドイツ社会の各領域を、ドイツ社会の恥部〔partie honteuse〕として描きださねばならず、これらの石化した状態にそれ独特のメロディを歌ってきかせることによって、むりにも踊らせなければならない。国民に勇気〔courage〕をおこさせるために、自分自身〔のみじめさ〕に驚愕《がく》することを教えねばならない。それによってドイツ国民のやみがたい欲求が満たされるのであり、諸国民の欲求というものは、それ自身、その欲求が満たされるための最終的な根拠なのである。

しかも近代的諸国民にとってさえ、ドイツの現状の偏狭な内容にたいするこの闘争は、無関心事ではありえない。なぜなら、ドイツの現状は旧体制〔ancien régime〕のあけすけな完成であり、そして旧体制は近代国家の隠された欠陥であるからだ。ドイツの政治的現在にたいする闘争は近代的諸国民の過去に対する闘争であって、この過去のなごりに近代的諸国民はいまだに悩まされているのである。近代的諸国民のところで悲劇を体験した旧体制がドイツに亡霊として現われ喜劇を演じるのを見るのは、彼らにとって啓発的なことである。旧体制が世界の既存の権力であり、これに対し自由が個人的な着想であったあいだ、一言でいえば旧体制が自分で自分の正当性を信じ、また信じずにはいられなかったあいだは、旧体制の歴史は悲劇的であった。旧体制が現存の世界秩序として、やっと生まれてきつつある世界とたたかっていたあいだは、旧体制の側にあったのは世界史的誤謬であり、けっして個人的誤謬ではなかった。だから旧体制の没落は悲劇的であったのだ。

これに反して、現在のドイツの体制は一つの時代錯誤であり、一般に認められた諸原則にたいする明白な矛盾であり、衆目にさらされた旧体制の空しさなのであるが、それでもなお自分では、みずからが信頼にたると思いこみ、そして世間に対し同じように思いこむことを要求している。もしもドイツの現体制が自分固有の本質を信頼しているのならば、その本質を別の本質の外観のもとに包み隠そうとしたり、偽善や詭弁に救いを求めたりするであろうか？　近代の旧体制は、もはや、本物の主役たちがすでに死んでしまっている世界秩序の道化役者でしかない。歴史というものは徹底的であって、古い形態を墓へと運んでいくときに、多くの段階を通過していく。一つの世界史的形態の最後の段階は、それの喜劇である。ギリシアの神々は、アイスキュロスの「縛られたプロメテ」のなかですでに一度傷つき悲劇的に死んだのであったが、ルキアノスの「対話篇」のなかでもう一度喜劇的に死なねばならなかった。なぜ歴史はこのように進行するのか？　それは人類が明るく朗らかにその過去と袂別するためである。このような明るく朗らかな歴史的解決を、われわれはドイツの政治的諸勢力にも要求する。

近代の政治的・社会的現実そのものを批判に付することになり、したがって批判を真に人間的な問題にまで高めることになるやいなや、たちまち批判はドイツの現状の外部に出てしまう。さもなければ、批判はその対象を対象以下のところでとらえることになろう。一例をあげよう。政治的世界に対する産業の、一般的にいって富の世界の関係は、近代の一つの主要問題である。この問題は、どういうかたちでドイツ人に取扱われはじめているか？　保護関税、禁止制度、国民経済というかたちである。ドイツ国粋主義は人間から物質に乗り移り、そしてある朝、わが国の木綿の騎士たちと鉄の英雄たちは、自分が愛国者となっているのを知ったのであった。だからドイツでは、独占に対外的な至上権を付与することによって、独占の至上権を対内的に認めはじめるのである。したがって、フランスやイギリスで終末を迎えはじめていることが、ドイツではいまやっと始まりかけているのである。これらイギリスやフランスという国々では理論的に批判にさらされている状態、そしてこれらの国々がやっと鎖に耐えるように耐えている古びた腐敗した状態が、ドイツでは美しい未来をつげる曙光として迎えられ、しかも狡猾な理論(24)からまったく仮借のない実践へと敢えて移行しようとはしないのである。フランスやイギリスでの問題は、政治経済かそれとも富にたいする社会の支配かということであるのに、ドイツでの問題は、国民経済かそれとも国民に対する私的所有の支配かということである。したがって問題は、フランスとイギリスでは行きつくところまで行った独占を揚棄することにあるのに、ドイツでは独占が行きつくところまで行くことにある。あちらでは解決が問題であり、こちらではやっと衝突が問題となっている。これは、近代的諸問題のドイツ的形態を示すに十分な一例であり、われわれの歴史が、まるで未熟な新兵のように、古ぼけた歴史の再教練をさせられる任務だけを受持ってきたことの一例である。

したがって、もし仮りにドイツの全体的な発展がドイツの政治的な発展以上に進展していなかったとしたら、ドイツ人もせいぜいロシア人と同程度にしか現代の諸問題に関与することができなかったであろう。しかし個々の個人が国民の枠によって拘束されているわけではないとすれば、全体としての国民の方は、なおさら一個人の解放によって解放されるものではない。ギリシアの哲学者のなかに一人のスキタイ人が含まれているからといって、スキティア族がギリシア文化の方へ一歩でも前進したわけではない。(25)

幸いにしてわれわれドイツ人はスキティア族などではない。

古代諸民族が自分たちの前史を想像のなかで、つまり神話のなかで体験したように、われわれドイツ人はわれわれの後史を思想のなかで、つまり哲学のなかで体験した。われわれは現代の歴史的な同時代人ではなくて、その哲学的な同時代人である。ドイツ哲学はドイツ史の理念的な延長である。したがって、われわれの実際の歴史の未完成作品〔œuvres imcomplètes〕を批判する代わりに、われわれの観念的歴史の遺作〔œuvres posthumes〕である哲学を批判するとき、われわれの批判は、それこそ問題だ〔That is the question〕と現代が言っている諸問題のまっただなかに立つことになる。先進諸国民のもとでは近代的国家状態との実践的な対決であるものが、そうした国家状態そのものがまだ一度も存在したことのないドイツでは、まずそのような国家状態の哲学的反映との批判的な対決となる。

ドイツの法哲学と国家哲学は、公的な近代的現在と同一水準〔al pari〕にある唯一のドイツ史である。それゆえドイツ国民は、自分のこの夢の歴史を自分の現存状態とひとまとめにして、この現存状態だけではなしに同時にそれの抽象的延長をも批判に付さねばならない。ドイツ国民の未来は、その国家と法の実在的状態を直接に否定することだけにも、またそれの観念的状態を直接に完成させることだけにも、限られることはできない。なぜなら、ドイツ国民は、その実在的状態の直接の否定をその観念的状態のなかに保持しており、そしてその観念的状態の直接の完成は、近隣諸国民の見解のなかにもうほとんど受けつがれてしまっているからである。したがって、ドイツにおける実践的な政治的党派が哲学の否定を要求するのは正当である。彼らが不当なのは、その要求によるのではなく、本気で実行もせず実行する能力もないような要求のところにとどまっていることにある。この党派は哲学に背を向け、そっぽを向いたまま、哲学について二こと三こと月並みの悪口をつぶやくことによって、あの哲学の否定をやりとげられると思っている。彼らの視野は狭く限られているので、哲学もまたドイツ的現実の域内に含まれているとはみず、あるいはまた哲学はドイツの実践やそれに仕える理論よりも下位にあるとさえ思いこんでいる。君たちは、現実的な生命の萌芽を問題にすべきだと要求するが、しかし君たちは、ドイツ国民の現実的な生命の萌芽がこれまではただ国民の頭蓋のなかでだけ育ってきたことを忘れている。一言でいえば、君たちは哲学を実現することなしには、哲学を揚棄することができないのである。

同じ不当なことを、ただし逆の構成要素をもって、哲学から出発した理論的な政治的党派も犯したのである。

この党派の方は、現在の闘争のうちに、ただドイツ的世界を相手にした哲学の批判的闘争だけを見てとり、従来の哲学そのものがこの世界に属しており、たとえ観念的なものにせよこの世界の補完物であることを考慮しなかった。この党派は相手側に対しては批判的でありながら、自分自身に対しては没批判的にふるまった。というのは、この党派は哲学の諸前提から出発して、そこから出てきた帰結のところに立ちどまってしまったり、あるいはどこかよそからもってきた要求や帰結を哲学の直接の要求や帰結であるかのように言いふらしたりしたからである。ところがこれらの要求と帰結は――これらが正しいと仮定しても――反対にただ従来の哲学の否定、哲学としての哲学の否定によってしか得られないものなのである。この党派についてさらに立ち入って述べることは留保しておこう。この党派の根本的欠陥は、哲学を揚棄することなしに哲学を実現できると思いこんだことに帰着される。

ドイツの国家哲学と法哲学は、ヘーゲルによってもっとも首尾一貫した、もっとも豊かな、もっとも徹底したかたちで示されたのであるが、これに対する批判は二面をもっており、近代国家とそれに連関する現実の批判的分析であるとともに、またドイツの政治的および法的意識の従来のあり方全体の決定的否定でもある。そしてこのドイツの政治的および法的意識のもっとも優れた、もっとも普遍的な、学にまで高められた表現こそ思弁的法哲学そのものにほかならない。この思弁的法哲学は近代国家の抽象的な途方もない思考なのであり、近代国家の現実性は、たとえただライン河の彼岸にすぎないとしても、どこまでも彼岸のものにとどまる。このような思弁的法哲学はただドイツでだけ可能であったとすれば、逆にまた現実的人間を捨象するドイツ的な近代国家の思想像が可能であったのも、ひとえにただ、近代国家そのものが現実的人間を捨象しているからであり、またその限りにおいてなのである。あるいはまた、近代国家そのものが全体的人間をただ想像的でしかない仕方で満足させるからであり、その限りにおいてなのである。ドイツ人は他の諸国民が実行したことを、政治の上で思考したのである。ドイツは他の諸国民の理論的良心であった。ドイツの思考の抽象性や超越性は、他の諸国民の現実の一面性や矮《わい》小性といつも歩調を合わせていた。だから、ドイツの国家制度の現状が旧体制の完成、すなわち近代国家の肉のうちなる刺《とげ》の完成をあらわしているとすれば、ドイツの国家認識の現状は近代国家の未完成、近代国家の肉そのものの腐敗をあらわしているのだ。

　ドイツの政治意識の従来のあり方にたいする決定的な反対者であるということからしても、思弁的法哲学の批判は、批判そのものにとどまるものでなく、実践だけが解決手段であるような課題へと進んでいくのである。

そこで問題になるのは、ドイツは原理と同じ水準まで高められた〔à la hauteur des principes〕実践に到達することができるかということ、すなわち、ドイツをたんに近代諸国民の公式の水準に高めるだけでなく、これら諸国民の次の未来であるような人間的な高さまでも引きあげるような、そういう革命に到達することができるか、ということである。

批判の武器はもちろん武器の批判にとって代わることはできず、物質的な力は物質的な力によって倒されねばならぬ。しかし理論もまた、それが大衆をつかむやいなや、物質的な力となる。理論は、それが人間に即して〔ad hominem〕論証をおこなうやいなや、大衆をつかみうるものとなるのであり、理論がラディカル〔根本的〕になるやいなや、それは人間に即しての論証となる。ラディカルであるとは、事柄を根本において把握することである。だが、人間にとっての根本は、人間自身である。ドイツの理論がラディカリズムである明白な証明、したがってその理論の実践的エネルギーの明白な証明は、その理論が宗教の決定的な、積極的な揚棄から出発したところにある。宗教の批判は、人間が人間にとって最高の存在であるという教えでもって終る。したがって、人間が貶しめられ、隷属させられ、見捨てられ、蔑視された存在となっているような一切の諸関係――畜犬税の提案にさいして、或るフランス人が「あわれな犬よ、おまえたちを人間並みにしようというのだ！」と叫んだ言葉でもっともみごとに描きだされているような諸関係――をくつがえせという無条件的命令をもって終るのである。

歴史の上でも理論的解放はドイツにとって特別の実践的意義をもっている。すなわち、ドイツの革命的過去も理論的なものであり、宗教改革がそれである。当時は僧侶の頭脳のなかで、現在は哲学者の頭脳のなかで、革命が始まるのだ。

ルターはたしかに献身による隷従を克服したが、それは確信による隷従をもってそれに代えたからであった。彼は権威への信仰を打破したが、それは信仰の権威を回復させたからであった。彼は僧侶を俗人に変えたが、それは俗人を僧侶に変えたからであった。彼は人間を外面的な信心深さから解放したが、それは信心を内面的な人間のものとしたからであった。彼は肉体を鎖から解放したが、それは心を鎖につないだからであった。

しかし、プロテスタンティズムは課題の真の解決ではなかったにせよ、課題の真の提起ではあった。もはや問題は、俗人がその外なる僧侶と闘争するところにではなく、彼自身の内なる僧侶、自分の僧侶根性と闘争するところにあった。そして、プロテスタンティズムがドイツの俗人を僧侶に変えたことが、俗界の教皇たる君侯たちを、彼らの僧徒たる特権者や俗物たちと一緒に解放したとすれば、哲学が僧侶的なドイツ人を人間へと変えることは、国民を解放することになろう。だが、解放が君侯たちのところにとどまらないように、財貨の世俗化も、欺瞞的なプロイセンが他に先んじて着手したような教会財産の没収にとどまらないであろう。当時、ドイツ史のもっともラディカルな事実である農民戦争は、神学にぶつかって難破した。神学そのものが難破してしまった今日、ドイツ史のもっとも不自由な事実であるわれわれの現状は、哲学とぶつかって砕け散るであろう。宗教改革の前日には、公式のドイツはローマのまったく無条件的な奴隷であった。革命の前日には、公式のドイツはローマではなく、むしろプロイセンとオーストリアの無条件的な奴隷であり、田舎貴族と俗物たちの無条件的な奴隷である。

ところでドイツのラディカルな革命には、一つの重大な困難が立ちはだかっているように見える。

すなわち、およそ革命には受動的な要素が、物質的な基礎が必要である。理論はつねに、それが一国民の欲求の実現である限りにおいてのみ、その国民のなかで実現される。ところで今、ドイツの思想の要求とドイツの現実の応答との間の途方もない分裂に対して、市民社会の、国家および自分自身との同じような分裂が対応しているであろうか？　理論的欲求はただちに実践的欲求となるであろうか？　思想が〔みずからの〕実現を迫るだけでは十分ではなく、現実がみずから思想となることを迫らねばならない。

だがドイツは、政治的解放の中間段階を、近代諸国民と同時によじ登りはしなかった。ドイツは、理論的に乗り越えた段階にさえ、実践的にはまだ到達していない。どのようにしてドイツは、命がけの飛躍〔salto mortale〕によって自分固有の障壁〔拘束〕を乗り越えるだけでなく、同時に近代的諸国民の障壁をも、すなわちドイツが実際には自分の現実的障壁からの解放として感じ獲得しようと努めざるをえない障壁をも、乗り越えることができるだろうか？　ラディカルな革命はラディカルな欲求の革命でしかありえないのだが、そのような欲求の諸前提と産出される場とが、〔ドイツには〕まさに欠けているように見える。

しかしながら、ドイツは近代諸国民の発展の現実的闘争に活動的に参加することなく、ただ抽象的な思考活動だけによってこの発展につきそって進んだとすれば、他方ではドイツは、この発展の歓喜や部分的満足にあずかることなく、この発展の苦痛だけにあずかったのである。一方での抽象的な活動に、他方での抽象的苦痛が対応している。だからドイツは、まだ一度もヨーロッパ解放の水準に立たないうちに、いつか或る朝、ヨーロッパ没落の水準に身を置くことになろう。ドイツは、キリスト教という病にかかって衰弱している物神崇拝者に似ているといえよう。

なによりまずドイツの諸政府を見るがよい。そうすれば判るように、これらの政府は時勢に迫られ、ドイツの状況に迫られ、ドイツ的教養の見地に迫られ、ついにはまた自分の幸運な本能に迫られて、われわれがその長所にあずかることのない近代国家の世界の文明的欠陥を、われわれがたっぷり享受している旧体制の野蛮的欠陥と結び合わせざるをえなくなっており、その結果ドイツは、自分の現状を越えたところにある国家形態の合理性に、そうでなければ少くとも非合理性に、ますます参与せざるをえなくなっているのである。たとえば、いわゆる立憲的ドイツほど、立憲的国家制度の現実にあずかることなく、その制度のあらゆる幻想には無邪気にあずかっている国が、世界にあるだろうか？　あるいはまた、検閲の責苦を、出版の自由を前提しているフランスの九月法令(26)の責苦と結び合わせるなどということは、ドイツ政府の着想として必然的でなかったであろうか？　ローマのパンテオンのなかにはすべての民族の神々が見いだされたように、神聖ローマ・ドイツ帝国のなかにはすべての国家形態の罪業が見いだされるであろう。こうした折衷主義がこれまで予想もされなかった程度にまで達するであろうことは、ドイツ国王〔フリートリヒ・ヴィルヘルム四世〕の政治的・美的な美食ぶりが、まさに保証している。彼は封建的そして官僚的、絶対的そして立憲的、専制的そして民主的といった、ありとあらゆる王制の役割を、国民の人格を通じてでないにしても自分の人格において、国民のためでないにしても自分自身のために、演じようと考えているのである。ドイツは政治的現代の欠陥が一つの独自の世界をかたちづくっている国であり、そのようなものとしてのドイツは、政治的現代の一般的障壁を打ち倒すことなしには、特殊ドイツ的な障壁を打ち倒すことができないであろう。

ドイツにとっては、ラディカルな革命がユートピア的な夢なのではなく、普遍人間的な解放がユートピア的夢なのでもなくて、むしろ部分的な革命、たんに政治的なだけの革命、家の支柱をそのままに残す革命こそがユートピア的夢なのである。部分的な、たんに政治的なだけの革命は、何にもとづいているか？　それは、市民社会の一部分が自分を解放して普遍的な支配権に到達すること、或る特定の階級がその特殊な立場から社会の普遍的な解放を企てることにもとづいている。この階級は社会全体を解放するが、ただしそれは、社会全体がこの階級の立場にあるという前提、したがって例えば金力と教養とをもっているか、それとも任意に獲得できるという前提のもとにおいてである。

市民社会のいずれの階級も、熱狂の一時機を自身の内部および大衆の内部に喚起することなしに、この役割を演じることはできない。この一時機こそ、その階級が社会全般と心から親しみあって合流し、社会全般と取り違えられ、それの普遍的代表者と感じられ認められるような一時機であり、その階級の要求と権利とが真に社会そのものの権利と要求であるような一時機であり、その階級が実際に社会的頭脳、社会的心臓であるような一時機である。ただ社会の一般的権利の名においてのみ、或る特殊な階級は普遍的支配権を請求することができる。この解放者の地位を攻めとり、それによって社会のすべての領域を自分自身の領域の利益のために政治的に利用しつくすためには、革命的エネルギーと精神的自負だけでは足りない。一国民の革命と市民社会の一特殊階級の解放とが一致し、一つの立場が社会全体の立場として通用するためには、逆に社会の一切の欠陥が或る他の階級のなかに集中していなければならず、また或る特定の立場が一般的障害の立場、一般的障壁〔拘束〕の化身でなければならず、またさらに、或る特殊な社会的領域が、社会全体の周知の罪とみなされ、そのためこの領域からの解放が全般的な自己解放と思われるようになっていなければならない。或る一つの立場が優れた意味で〔par excellence〕解放する立場であるためには、逆に他の一つの立場が公然たる抑圧の立場でなければならない。フランス貴族とフランス僧侶階層は否定的・一般的意義をもっていたが、それが彼らに直接に境を接していてしかも彼らと対立していたブルジョアジーという階級の肯定的・一般的意義の条件となっていたのである。

しかしドイツでは、いずれの特殊な階級にも、首尾一貫性、尖鋭さ、勇気、そして社会の否定的代表者であることを特徴づける仮借のなさが欠けているだけではない。いずれの階層にも、国民の心とたとえ一瞬でも一体化するようなあの心の広さ、物質的な力に活を入れて政治的な力になるよう勇気づけるあの天分、敵に向かって、我は無なり、されば我は一切たるべし、と不敵な言葉を投げつけるあの革命的勇敢さも、同様に欠けている。個々人だけでなく諸階級もまたもつドイツ的な道徳と誠実の根幹をなしているものは、むしろあの控え目な利己主義、その心の狭さを相手にも自分にも示すような控え目な利己主義である。だからドイツ社会のさまざまな階層相互の関係は、劇的ではなく、叙事詩的である。いずれの階層も、自分が圧迫されるときにではなく、自分が手をかしたのではないのに時勢の力で自分の方から圧迫を加えることができるようなお人よしの下層ができてくるときに、たちまち自負をもちはじめ、自分の特殊な要求をかかげて他の階層のわきに陣取りはじめる。ドイツ中間階級の道徳的自負心でさえ、他のすべての階級の俗物的な中庸の一般的代表者であるという意識にもとづいているにすぎない。だから、都合の悪い時に〔mal-à-propos〕王位についたドイツ王たちだけでなく、市民社会のいずれの階層も、勝利を祝わないうちに敗北を喫し、立ちはだかる障壁を克服しないうちに自分自身の障壁をはりめぐらし、寛容ぶりを発揮できないうちに狭量ぶりを発揮するという有様で、そのために、大役を果す機会さえもまだやってこないうちにいつも過ぎ去ってしまうし、いずれの階級も自分より上層の階級との闘争を開始するやいなや、自分より下層の階級との闘争に巻きこまれてしまうのである。したがって、諸侯が国王を相手に、官僚が貴族を相手に、ブルジョアが彼らすべてを相手に闘争しているあいだに、他方プロレタリアはブルジョアに対する闘争をすでに開始しているのだ。中間階級がようやく自分の立場から解放の思想を敢えてつかみとろうとするかしないうちに、すでに社会状態の展開と政治理論の進歩とは、この立場そのものを、すでに時代おくれだとか、さもなければ少くとも問題点をもつとか宣告しているのである。

フランスでは、人は一切たらんとするためには、何ものかであれば足りる。ドイツでは、人は一切を放棄すべきでないとしたら、何ものかであることも許されない。フランスでは、部分的解放が全般的解放の基礎である。ドイツでは、全般的解放があらゆる部分的解放の不可欠の条件〔conditio sine qua non〕である。フランスでは段階的解放の現実性が、ドイツではその不可能性が、完全な自由を生みださねばならない。フランスでは、国民のいずれの階級も政治的理想主義者であって、まず自分を特殊な階級とは感ぜず、社会的欲求一般の代表者と感じる。したがって、解放者の役割は、劇的な動きのなかでフランス国民のさまざまな階級に順次移っていき、ついには一つの階級の手に渡るにいたる。その階級とは、もはや人間の外部にありながら人間社会によってつくりだされた一定の諸条件を前提として社会的自由を実現するのではなく、むしろ反対に、人間生活のあらゆる条件を社会的自由の前提のもとで組織する階級である。これに反してドイツでは、実践的生活が没精神的であり、精神的生活が非実践的であるため、市民社会のいずれの階級も、その直接的な状態、物質的な必然性、その鎖そのものによって強制されるまでは、全般的解放の欲求をもたず、その能力ももたないのである。

では、どこにドイツ解放の積極的な可能性はあるのか？

答え。それはラディカルな鎖につながれた一階級の形成のうちにある。市民社会のいかなる階級でもないような市民社会の一階級、あらゆる身分の解消であるような一身分、その普遍的な苦難のゆえに普遍的な性格をもち、なにか特別の不正ではなく不正そのものを蒙っているがゆえにいかなる特別の権利をも要求しない一領域、もはや歴史的な権原ではなく、ただなお人間的な権原だけを拠点にすることができる一領域、ドイツの国家制度の諸帰結に一面的に対立するのではなく、それの諸前提に全面的に対立する一領域、そして結局のところ、社会の他のすべての領域から自分を解放し、それを通じて社会の他のすべての領域を解放することなしには、自分を解放することができない一領域、一言でいえば、人間の完全な喪失であり、それゆえにただ人間の完全な再獲得によってのみ自分自身を獲得することができる一領域、このような一階級、一身分、一領域の形成のうちにあるのだ。社会のこうした解消が一つの特殊な身分として存在しているもの、それがプロレタリアートなのである。

プロレタリアートは急に起ってきた産業の活動を通じて、ようやくドイツにとって生成しはじめつつある。なぜなら、自然発生的に生じてきた貧民ではなくて、人為的につくりだされた貧民が、社会の重圧によって機械的に抑えられた人間集団ではなくて、社会の急激な解体、ことに中間層の解体から出現する人間集団が、プロレタリアートを形成するからである。もっとも、自然発生的な貧民やキリスト教的－ゲルマン的農奴も、しだいにこの隊列に加わるのは自明のことであるが。

プロレタリアートは従来の世界秩序の解体を告げるのであるが、その際それはただ自分自身のあり方の秘密を表明しているだけである。なぜなら、プロレタリアートはこの世界秩序の事実上の解体であるからだ。プロレタリアートが私有財産の否定を要求するとき、それは社会がプロレタリアートの原理にまで高めたものを、すなわちプロレタリアートが手をかすまでもなくすでに社会の否定的帰結としてプロレタリアートのうちに体現されているものを、社会の原理にまで高めているにすぎない。この場合、プロレタリアが生成しつつある世界について〈自分たちの世界だとする〉権利をもっているのは、ちょうどドイツ国王が既成の世界について、国民を朕の国民、馬を朕の馬とよぶ権利をもっているのと同様である。国王は国民を彼の私有財産であると宣言することによって、私有財産所有者が王であることを表明しているだけなのだ。

哲学がプロレタリアートのうちにその物質的武器を見いだすように、プロレタリアートは哲学のうちにその精神的武器を見いだす。そして思想の稲妻がこの素朴な国民の地盤の根底まで貫くやいなや、ドイツ人の人間への解放は達成されるであろう。

結論を要約しよう。

ドイツのただ一つ実践的に可能な解放は、人間を人間の最高のあり方であると宣言するところの、この理論の立場からする解放である。ドイツでは、中世からの解放は、同時に中世の部分的克服からの解放としてのみ可能である。ドイツでは、あらゆる種類の隷属状態を打破することなしには、いかなる種類の隷属状態も打破することができない。根本的なドイツは、根本から革命を起さなければ、革命を起すことができない。ドイツ人の解放は、人間の解放である。この解放の頭脳は哲学であり、その心臓はプロレタリアートである。哲学はプロレタリアートの揚棄なしには自己を実現しえず、プロレタリアートは哲学の実現なしには自己を揚棄しえない。

あらゆる内的条件が充たされたとき、ドイツ復活の日はガリアの雄鶏の雄たけびによって告げ知らされるであろう。

一八四三年の交換書簡

マルクスからルーゲへ

D行の引船上にて　一八四三年三月

私は今、オランダを旅行しています。当地とフランスとの新聞から見た限りでは、ドイツは深く泥のなかにはまりこんでおり、今後もますますひどくなっていくことでしょう。国民的自負などー向に感じないひとでも、オランダにいてさえ、国民的羞恥を感ぜずにはいられないのは請けあいです。もっとも卑小なオランダ人ですら、もっとも偉大なドイツ人とくらべてみても、なお一個の公民なのです。しかもプロイセン政府にたいする外国人たちの判断はどうか！　そこには驚くべき一致があり、もはや誰一人として、この体制とそれの単純な性質について目をくらまされるものはありません。ですから新学派は少しは役に立ったのです。自由主義の虚飾ははげ落ちて、この上もなく憎々しい専制主義が赤裸々な姿で万人の目の前に立っているのです。

このことは一つの啓示です。たとえそれが逆のかたちの啓示ではあっても。それはわれわれに少くとも自分たちの愛国心の空虚さ、われわれの国家制度の奇怪さを知らしめ、われわれの顔を覆わしめるような一つの真理なのです。あなたは微笑しながら私を見て、こう問われる。それが何になるのか？　羞恥からはどんな革命も起りはしない、と。私はこう答える。羞恥はすでに一つの革命なのです。羞恥は実際のところ、一八一三年にフランス革命を打負かしたドイツの愛国心にたいする、そのフランス革命の勝利なのです。羞恥は一種の憤怒、自分の内へ向けられる憤怒なのです。そしてもしも一国民全体が実際に恥じることがあれば、彼らは跳ばんがために身を引いて構えるライオンとなるでしょう。この羞恥すらドイツにはまだ存在せず、その反対にこれらあわれな人びとはまだ愛国者であること、これを私は認めます。しかし、新しい騎士（フリートリヒ・ヴィルヘルム四世）のこの笑うべき体制が彼らの愛国心を追いだすのでないとすれば、他のどのような体制が彼らの愛国心を追いだすというのでしょうか？　われわれのところで演じられている専制主義の喜劇が新しい騎士にとって危険であるのは、かつてステュアート家とブルボン家にとって悲劇が危険であったのと同様です。そしてもし仮りにこの喜劇が長期にわたってその正体を見破られなかったとしても、それでもなお、それはすでに一つの革命であることでしょう。国家というものは、茶番劇にされるにはあまりに厳粛なものです。人びとはおそらく愚人たちの船[27]をかなり長いあいだ風にのって進むがままにさせておくことはできるでしょう。しかし船はその宿命に向かって、愚人たちがそのことを信じないからこそ、進んでいきます。この宿命こそわれわれの目前にある革命なのです。

ルーゲからマルクスへ

ベルリン　一八四三年三月

「きつい言葉ではあるが、それでも私はそれが真実だから言う。ドイツ人ほど分裂している国民を私は考えることができない。君が目にするのは職人だが、けっして人間ではなく、思想家だが、けっして人間ではなく、主人たちと奴隷たち、若者たちと分別盛りの人たちであるが、けっして人間ではない。――それは、手、腕など四肢のすべてがこま切れになって累々と横たわっているのに、流された生血は砂に消え失せている戦場ではないのか？」ヒュペリオンのなかのヘルダーリン(28)の言葉。――これが私の気持を示す標語なのですが、残念ながらこの気持は新しいものではありません。同じ対象は人間たちに対して時々同じように働きかけるものです。あなたの手紙は一つの幻想です。あなたの気力は私の気力をますますそぐだけです。

われわれが政治革命を体験するだろうですって？　このようなドイツ人たちの同時代人であるわれわれが？　私の友よ、あなたはあなたが願わしいと思っていることを信じておられる。おお、私はそのことを知っています。希望することはとても甘いことであり、すべての錯覚を除くことはとても苦《にが》いことです。絶望には希望によりもさらに勇気がいります。しかもそれは理性の勇気なのであり、われわれはもはや錯覚していることが許されない時点に到達しているのです。何をわれわれは今この瞬間に体験しているでしょうか？ それはカールスバード決議[29]の第二版、約束された出版の自由を省略することによって増補され、検閲の約束によって改訂された第二版にほかならず、――つまり自由をめざす政治的試みの二回目の失敗であり、そして今度はライプツィヒ[30]とベラリアンス[31]なしでの失敗、あとで休息せざるをえないほどの努力も欠いた失敗なのです。今われわれは休息のあとで休息しているのであって、われわれを静止させているのは古い専制主義的諸原則のたんなる繰り返し、それらの原則が記されている原本の書き写しなのです。われわれは一つの恥辱からもう一つの恥辱へと落ちこんでいるのです。私はナポレオン侵攻の当時、ロシアがドイツの出版物にいっそう厳重な検閲を制定したときとまったく同じような圧迫感と屈辱感をもつのであり、われわれが今も当時と同じように腹蔵なく書くことができることにあなたが一つの慰めを見いだすとしても、私にはそれは何の慰めにもならないのです。ナポレオンはエルフルトで祝賀にきたドイツ人たちが、われらの王子様〔notre prince〕と彼に呼びかけたのに対して、予は汝らの王子にはあらず、汝らの君主なり〔je ne suis pas votre prince, je suis votre maître〕と語り、万雷の拍手で迎えられたのです。そしてもしも彼に対してロシアの雪がこの言葉への返答をしなかったとすれば、ドイツ人の憤怒はまだ眠ったままでいたことでしょう。このあつかましい言葉は血なまぐさい報復を受けたなどと言うなかれ。偶然の報復が必然的におこなわれたかのように、むき出しの専制主義がその正体をすっかり暴露するやいなや、あらゆる国民がそれから離反したなどと、まことしやかに説くなかれ。他の諸国民は一切抜きで自分の恥辱を感じるような、そういう国民を私は見たいのです。私が革命とよぶのは、自由な人間の名誉に向かって、自由な国家――つまりいかなる主人にも属さず、ただそれ自身にのみ属する公共的存在そのものである国家――に向かって、すべての人が回心し挙手することなのです。ドイツ人はそこまで進むことはけっしてありません。彼らは歴史的にずっと以前に没落しています。彼らがいたるところでその場に共にいたということは、何の証明にもなりません。征服され支配されている国民たちは相互に打ち合うことを免れえないのですが、しかし彼らは、他人の目的のために打ち合いをする雇われ闘士、主人たちの指図があれば相互に絞め殺し合う雇われ闘士にすぎないのです。「見よ、国民がわれわれのために打ち合うのを！」と一八一三年にプロイセン王は語ったのでした。ドイツは生き残った相続人なのではなく、相続されるべき遺産なのです。ドイツ人たちは戦列のなかに数えられることはけっしてなく、ただそこで売られる人数が考慮されるだけなのです。

あなたは、自由主義的偽装が正体を暴かれたと言われる。それは真実ですし、さらにそれ以上のことが起っています。人びとは不機嫌になり侮辱を感じていますし、友人や知人たちが理屈をこねて議論し合っているのを耳にしており、ここではいたるところでステュアート家の運命のことが語られています。そして不注意な言葉を口にすることを怖れる者は、せめてもと頭を振って、一種の運動がその頭の中で進行していることを示そうとしています。けれども、すべてただ語りに語るだけであり、自分の不満が普遍的なものだと信じている者が一人としてあるでしょうか？　わが国の俗物たちと彼らの相変らずの羊のような忍耐づよさを見誤るほど愚かな者が一人としてあるでしょうか？　フランス革命後五十年、そして古めかしい専制主義のあらゆる恥しらずの所業の復活、それをわれわれは体験したのです。十九世紀はそのような専制主義に耐え忍びはしないなどと言うなかれ。ドイツ人たちはこの問題を解決したのです。彼らはそうした専制主義に耐え忍ぶだけでなく、それに愛国心をもって耐え忍ぶのであり、このことに顔を赤らめるわれわれこそが、彼らが専制主義にふさわしいことを知っているのです。議論から沈黙への、希望から絶望への、人間らしい状態から全く奴隷的な状態への、この鋭角的な逆戻りは、あらゆる活力を扇り立て、各人の血を胸にたぎらせて、憤激の叫びを一般の人びとのなかに喚び起すであろうと、誰が考えなかったでしょうか！　ドイツ人は、他人に隷属している人間でさえも持ちうるような霊の自由しか保持していなかったのに、いまやこの自由すらも彼から奪い取られているのです。

ドイツの哲学者たちはずっと以前から人びとの下僕だったのであり、彼らは命令に従って語り沈黙した。カントはその証拠文書をわれわれに伝えているのですが、しかしその間にも、哲学者たちが抽象的なかたちで人間を自由だと言明する大胆さは許容されていたのです。いまやこの自由、つまり実現されないことに甘んじる、いわゆる学問的自由あるいは原理的自由すらも廃棄されており、タッソー(32)の信条を説教する連中がかなり目立つのも当然のことです。

自由への激しき願いもて
わが胸ふくるるとは信ずるなかれ
自由たるべく人は生まれたるにはあらず
されば気高き者にとりてこよなく麗わしき幸せは
己が崇むる君主に仕え奉ることにあり

だがその人が君主を崇めない場合は？　などとわれわれが異議をとなえるならば、自由たるべく彼は生まれたるにあらず、と彼らは繰り返す次第です。問題は彼の概念にあるのであって、彼の幸せにあるのではありません。たしかにタッソーの言う通り、ある人間に仕え奉り、そして奴隷とよばれるような人間も、みずからを幸せに感じることができるし、さらにはみずからを気高く感じることもできるのであり、歴史とトルコ国がこれを証明しています。それゆえ、仮りに人間と自由な存在とではなくて、人間と下僕とが一つの概念であるとされるならば、古い世界は正当なものとされるわけです。

人間たちは奉仕するために生まれ、彼らの生まれながらの主人たちの所有物であるという事実に対して、ドイツ人たちは〔フランス〕革命後二十五年間、まったく異議をとなえることをしませんでした。ドイツ同盟においてドイツ諸侯は結集し、土地と住民についての彼らの私有をふたたび回復し、「人権」をふたたび廃止しました。このことは反フランス的でしたので、人びとは彼らに歓呼の声を送ったのです。いまやこの事実にもとづく理論がおくればせに到来してるのであって、なぜドイツはその理論に嫌がらずに耳を傾けてはならないのか！　なぜ自分の運命について、そは必然なり、自由たるべく人は生まれたるにあらず、という考えでみずからを慰めないのか？

事態はその通りで、実際のところこのドイツ人という種族は自由たるべく生まれたのではないのです。三十年間にわたり政治的に荒廃し、そして人びとの思想や感情すらも検閲という秘密警察によって監視され規制されたほど屈辱的な抑圧のもとにあったドイツは、今日では、いまだかつてなかったほど政治的に空虚な状態になってしまっています。あなたは、風波にほんろうされている愚人たちの船は、その宿命を免れえないだろうし、この宿命こそ革命であると言われる。しかし、この革命とは愚人たちの治癒のことだということをあなたは付け加えませんし、逆にあなたの比喩は沈没という考えへと導くばかりです。しかし私は、まだ今後に期待されるとあなたが考えている沈没ということを承認しません。肉体的にはこの有能な国民は沈没することはないし、そして精神的には、つまり自由な国民としての生存という点では、この国民はずっと以前に最期をとげているからです。

ドイツをそのこれまでの歴史と現在の歴史とに照らして私が判断するとき、その歴史全体が偽造されたものであり、その今日の公然たる事実全体が国民の本来の状態を示すものではない、などと言って、あなたは私に異議をとなえはしないでしょう。あなたは、自分のお好きな新聞を読み、人びとが自由を讃美し、われわれのもつ国民的幸福を讃美することを止めてはいない――止めても検閲はけっしてそれを妨げはしないことをあなたは認めるでしょう――ことを確信した上で、イギリス人かフランス人か、それともオランダ人でもよいですが、その人に向かってこう言われればよいでしょう。そのようなことはわれわれの関知しないことだし、われわれの柄でもないことなのだと。

ドイツ精神は、それが表面に現われてくる限り卑小なものです。そしてドイツ精神がそれ以外のかたちでは表面に現われてこないとすれば、それはただその卑小な本性のためなのだ、と私は何の躊躇もなく主張するものです。それともあなたは、ドイツ精神の内密なあり方、それの無言の功績、それの活字にならぬ食事中の会話、それのポケットのなかの拳《こぶし》を、ずっと高く評価して、ドイツの現在の現象の恥辱はその未来の栄誉によってもう一度そそがれうるであろう、などと考えているのでしょうか。おお、このドイツの未来よ！　どこにその種子がまかれているのか？　例えばわれわれがこれまで生きぬいてきた恥多き歴史のなかでしょうか？　それとも、自由や歴史的栄誉について多少とも理解をもっている人びとの絶望のなかでしょうか？　それともまた、外国人たちが私たちに浴びせる嘲笑、しかも彼らがわれわれのことを一番よく思っている場合にこそ、われわれにはもっとも痛切に感じられる嘲笑のうちでしょうか？　というのは、われわれが実際に沈みこんでいる政治的無感覚と堕落がいかにひどいかは、外国人にはまったく想像もできないからです。プロイセンでの出版の抑圧について報じている「ザ・タイムス」だけでも読んでみたまえ。自由な人たちが何を語っているかを読み、いかに多くの自負心をわれわれが――実際は全然もっていないのに――もっていると彼らがまだ信じているかを読み、そしてプロイセンを憐れみ、ドイツを憐れみたまえ。そのようなドイツに自分が属していることを私は知っています。私が共通の恥辱から免れようと思っているなどと信ずるなかれ。私が他人よりもましなことをやっているわけではないと私を非難し、新たな原理をもって新たな時代を導いていくよう私を励まし、一つの自由な世紀を開く著者となるよう私に要求し、どんな苦言でも私に言ってください。私にはその覚悟ができています。われわれの国民には未来はありません。われわれの評判など問題ではないではありませんか?

マルクスからルーゲへ

ケルン　一八四三年五月

敬愛する友よ。あなたの手紙はみごとな悲歌であり、気息をつまらせるような葬送歌でありますが、しかしそれは政治的では全然ありません。いかなる国民も絶望しはしません。たとえ或る国民が長期にわたってただ愚かさから何かを希望していたとしても、それでも長い年月の後に、いつか思いがけない賢明さから、その無邪気な願望のすべてがかなえられることがあるものです。

それにしても、あなたの気分は私に伝染しました。あなたのテーマはまだ論じつくされていませんから、私は終章《フィナーレ》を付け加えたいと思います。そしてすべてが終ったら、われわれがもう一度最初から開始するために、あなたの手を私に差しだしてください。死者をして死者を葬らしめ、嘆かしめよ。それに反し、生き生きとして新たな生活へはいる最初の人たちであることは羨望に値いします。これこそわれわれの運命であるべきです。

古い世界が俗物のものであるのは真実です。しかしわれわれはこの俗物を、ひとが怖《お》じ気づいて顔をそむける化物《ばけもの》のように取扱ってはなりません。むしろわれわれは、この俗物を正確に見とらねばならないのです。〔古い〕世界のこの主人を研究するのは、やりがいのあることです。俗物がこの世界の主人であるのは、もちろんただ、彼が世界を、ちょうど蛆《うじ》虫どもが屍《しかばね》をうずめるように、彼らの仲間でうずめているからにすぎません。この主人たちの仲間は、それゆえ一定数の奴隷たち以外のものを必要とせず、そして奴隷たちの所有者は自由である必要はないのです。彼らは土地と住民とを所有するがゆえに、すぐれた意味で主人とよばれるのですが、だからといって彼らが住民たちと同様に俗物であることに変わりありません。

人間たち、それは精神的存在のことでしょうし、自由な人たちというのは共和主義者のことでしょう。だが俗物たちはそのどちらであることも欲していないのです。それ以外に、あるべき、欲すべき何かが彼らに残っているでしょうか？

彼らの欲すること、つまり生きることと増殖すること（そしてそれより先に進む者なしとゲーテは語っている）、これは動物も欲することであり、さらにこれにドイツの政治家が付け加えるとすれば、せいぜい、人間はしかし自分がそれを欲していることを知っており、ドイツ人はそれ以上のことを何も欲しないほど分別がある、ということぐらいでしょう。

人間の自己感情である自由、これをこの人間たちの胸のなかでふたたび覚醒させねばならないでしょう。この感情、すなわちギリシア人とともに世界から消え失せ、そしてキリスト教とともに天国のおぼろげな霞《かすみ》のなかに消え失せたこの感情だけが、ふたたび社会を人間たちの最高目的のための共同体、民主主義国家にすることができるのです。

これに反し、みずからを人間として感じない人間たちは、飼育された奴隷あるいは馬のように、生長して彼らの主人たちのものになります。祖先伝来の主人たちがこの社会全体の目的なのです。この世界は彼ら主人たちに属しています。彼らはこの世界をあるがままに受けとり、この世界がみずからを感じているままに受けとります。彼ら主人たちは自分自身をも現にあるがままに受けとり、彼らの足が成長してきたところに、つまり彼らに「隷従し、忠誠をつくし、忠勤をはげむ」ことだけを使命と心得ているこれら政治的動物たちの首すじの上に、身をおいているのです。

俗物の世界は政治的な動物界であって、もしこの世界の存在をわれわれが認めねばならないとすれば、現状をあっさりと正当だとするほかありません。野蛮な数世紀がこの現状を生みだし、仕上げをしたのであり、そしていまやそれは非人間化された世界を原理とする一つの首尾一貫した体系として現に存在しているのです。したがって、もっとも完全な俗物世界であるわれわれのドイツは、当然、人間を再興したフランス革命よりもずっと遅れたところにとどまらねばならなかったのであり、もしドイツのアリストテレスがその政治学をわれわれの状態をもとにして書こうとしたとすれば、その冒頭にこう書くことでしょう。「人間は社会的な、ただしまったく非政治的な動物である」と。しかし国家については、彼はあの『ドイツにおける立憲的国法』の著者ツェフル氏(33)がすでにやった以上に正しくこれを説明することはできないでしょう。ツェフル氏によれば国家は「諸家族の結合体」であり、さらに言えば、この結合体は王家とよばれる至高の一家族に世襲的にまた所有物として属するのです。諸家族が子沢山の実を示せば示すほど、住民たちはますます幸福になり、国家はますます偉大となり、王家はますます強力になります。だからこそ、模範的専制主義のプロイセンでは、七人目の男児あてに五〇ドイツ・ターレルの特別手当が制定されているのです。

ドイツ人たちはきわめて分別深い現実主義者であって、彼らの願望や高遠な思想もすべて、荒涼とした生活の枠を越えでることはありません。そしてこの現実、ただこの現実だけを、彼らの統治者たちは受けいれるのです。この統治者たちもまた現実主義者であり、あらゆる思考とあらゆる人間的偉大さから、かけ離れたところにおり、平凡な士官と土地貴族なのですが、しかし彼らは思い誤っておらず、正当なのであって、彼らがあるがままで、この動物の国を利用し支配するのに十分足りるのです。というのは、支配と利用とは、どこでもここでも同一の概念なのだからです。そして彼らが忠誠の誓いを受けとってこれら脳なしの生きものの群がりうごめく頭の上を見やるとき、彼らの脳裏に浮ぶのは、ベレジナ河畔(34)でのナポレオンの感想にもっとも近いものではないでしょうか？　ナポレオンは眼下に溺れ死ぬ人たちの群れを指さして、その従者に「見よ、あのひき蛙どもを！」〔Voyez ces crapauds !〕と叫びかけたと、人びとは陰口をきいています。この陰口はおそらく嘘でしょうが、にもかかわらずそれは真理を示しています。専制主義の唯一の思想は、人間蔑視であり非人間化された人間なのであって、この思想は他の多くの思想にくらべて、同時に事実であるという長所をもっています。専制君主は人間たちがつねに品位を奪われているのを見ています。彼ら人間たちは彼の眼前で、そしてまた彼のために、日常生活の泥沼のなかで溺れ、そこからまた蛙のように、何度でもはい出てくるのです。さて、王朝狂になる以前のナポレオンのように、大きな目的を達成する能力のある人間にとってさえ、こうした見方が執拗に脳裡に浮ぶとすれば、まったく凡庸な国王がこのような現実のなかで、どうして理想主義者でありえましょうか？

君主制一般の原理は、蔑視された、蔑視に値いする、非人間化された人間なのであり、モンテスキューがそれに敬意をはらうのは大きな間違いです。彼は君主政治、専制政治、暴君政治を区別することによって、困難から身を脱しようとします。しかし、そのようなものは一つの概念の種々の名称にすぎず、せいぜいのところ同じ原理につきまとう慣習の相違といったものです。君主制的原理が多数派を占めているところでは、人間たちは少数派のなかにあり、君主制的原理が疑われないところでは、人間は一人も存在しないのです。では、疑わしい人物だという証拠がまったくないプロイセン国王のような男は、どうして彼の気まぐれだけに従ってやっていってはいけないのでしょうか？　そして彼がそのようにやっていくと、どういう結果がもたらされるでしょうか？　いろいろな企図が矛盾し合うことになる？　よろしい、その場合は何も生じはしません。無気力の傾向が生じる？　そのような傾向は相も変らぬ唯一の政治的現実なのです。いろいろな恥さらしと困惑が生じる？　存在するのはただ一つの恥さらしとただ一つの困惑、つまり退位だけです。気まぐれが気まぐれのところにとどまる限り、それは当然のことです。気まぐれは、それがどんなに安定を欠き、どんなに愚劣で、どんなに蔑視に価いしようとも、それでも国王の恣意以外にどんな法律も知ったことがない人民を統治するには、結構足りるのです。愚かな体制と内外での尊敬の喪失が何の結果ももたらさずに済むとは私は言いませんし、愚人たちの船の保険を私は引受けませんが、しかし私が主張したいのは、プロイセン国王は、倒錯した世界が現実の世界である限り、この時代の男であるだろうということです。

　知っておられるように、私はこの男のことをしばしば論じてきました。彼が「ベルリン政治週報」だけしか機関紙としてもっていなかった当時、すでに私は彼の価値と彼の使命を見てとりました。いまや問題はまったく人柄のことになるだろうという私の推測は、はやくもケーニヒスベルクにおける誓忠式での彼によって正しいものとして裏づけられました。彼は、朕が心、朕が心情こそ朕の国家であるプロイセン王領の今後の国憲であると宣言したのですが、事実の上でも国王はプロイセンにおいて体制〔そのもの〕なのです。彼が唯一の政治的人間なのです。彼の人柄が体制をどっちみち規定するのです。彼の行なうこと、彼が行なわせられること、彼の考えること、彼が言わせられること、これすなわち、プロイセンにおいて国家が考えること、あるいは行なうことなのです。こうして、今の国王がこのことをあのようにあからさまに述べたのは、実際一つの功績なのです。

ただ人びとは、どのような願望と思想とを国王がいまや現わすだろうかということを重視した点で、しばらくの間、見当違いをしていただけです。どのような願望や思想を国王がもとうと、このことは事態を少しも変えることができなかったのです。俗物は君主制の材料であり、君主はいつもただ俗物たちの王であるばかりで、君主は自分自身をも、また彼の臣民をも、その両方が現在のままでありつづける限り、自由な、現実的な人間にすることはできないのです。

プロイセン国王は、彼の父〔フリートリヒ・ヴィルヘルム三世〕が実際にもたなかったような一つの理論でもって、体制を変えようと試みました。この試みの運命は周知の通りです。それは完全に挫折しました。まったく当然のことです。ひとが一たび政治的動物界に到達すると、それ以上のどのような反動も存在しなくなり、前進といえば、その土台を去って民主主義の人間界へ移行する以外に存在しないのです。

旧国王は極端なことは何も欲しませんでした。彼は俗物であって、精神的なものについての権利要求をもつことがなかったのです。臣僕国家と臣僕国家の所有は、ただ散文的な、平穏無事な生活を必要とするだけだということを彼は知っていました。若い国王はもっと活発で、才気にあふれており、ただ自分の心情と自分の分別によってしか制限されないところの、君主の全能についてずっと大きく考えていました。古びて骨化した臣僕国家や奴隷国家は、彼には不快なものでした。彼はその国家を生きかえらせ、その国家の隅々にまで彼の願望、感情、思想を滲透させたのです。そしてそれは、彼の国家のなかのことですから、彼がただやり遂げようとする意志さえもてば、やり遂げることができたのです。彼の自由主義的な弁舌や心情吐露は、そこに由来します。死んだ法律ではなく、国王の血の通った心臓全体が彼の臣民すべてを統治すべきであるとされたのです。彼はすべての人びとの心情と精神とを彼の念願と宿望のために活動させたいと思ったのです。一つの動きがその結果として生まれましたが、その他の人びとの心臓は彼の心臓のようには鼓動せず、被治者たちは口を開けば旧支配の廃棄について語るばかりでした。厚顔にも人間を人間たらしめんと欲する理想主義者たちが発言の機会をもち、そして国王が古ドイツ風に空想している間に、彼らは新ドイツ風に哲学することが許されると思っていたのです。もちろん、このようなことはプロイセンで前代未聞のことでした。一時は事物の旧秩序は逆立ちするかに見え、それどころか、事物が人間へと変化しはじめ、名を述べることは州議会で許されていないというのに、名の通った人たちさえ現われたのです。しかし、古い専制主義の臣僕たちは、この非ドイツ的な動きに直きに始末をつけました。僧侶や騎士や農奴が溢れている偉大な過去に心酔する国王の願望と、もっぱらフランス革命の結果だけを、したがって結局は共和制を欲し、死んだ事物の秩序に代わる自由な人間の秩序を欲する理想家たちの意図とを、はっきり判る衝突へともたらすことは難しいことではなかったのです。この衝突が十分に鋭くて厄介なものとなり、気の短い国王が十分にいら立ってきたとき、かつて事態の進み具合をあのように容易に導いていた臣僕たちは国王のところに歩み寄り、次のように言上しました。臣下どもを無益な弁舌へと誘うことは、国王としてよくないことではございませぬか、われらは弁舌をこととする族《やから》を治めることはできかねます、と。全裏《うら》ロシア人の王もまた表《おもて》ロシア人(35)の頭のなかの動きに心安らかでなく、もとの平穏な状態を再建するよう要請していました。その結果、人間的な権利と義務についての人間たちの願望や思想のすべてを追放した古いやり方の新版が現われました。すなわち、奴隷は黙々と奉仕し、土地と住民の所有者はもっぱらただ、躾《しつけ》のよい従順な家来たちを通じて、できるだけ口数少なく支配するといった、昔の骨化した臣僕国家へと逆戻りしたのです。国王も臣民も両方とも自分たちの欲することを言うことができません。一方、臣民の方は人間になりたいと言えず、他方、国王の方は、どんな人間でも彼の国では用いることができないとは言えません。それゆえ、沈黙こそが唯一の切抜け方策なのです。人の群に声なく、腰を屈め、口腹の欲に従う〔Muta pecora, prona et ventri oboedientia〕。

このことは、俗物国家をそれ自身の土台の上で廃棄する試みが失敗したということです。結局のところそれは、専制主義にとっては野獣性が必然で人間性が不可能だということを、あらゆる人びとにはっきり見せつけることになりました。野獣的な関係は野獣性をもってしか保持することができないのです。さてこれで、俗物とその国家を正視するというわれわれの共同の課題を、私は済ませました。あなたは私が現在を高く評価しすぎているとは言われないでしょう。そして私がそれにもかかわらず現在に絶望していないとすれば、それは私を希望でみたしてくれるものが、現在そのものの絶望的な状態にほかならないということです。万事神のお気に召すままに委ねている主人たちの無能と臣僕の無感覚については、私は何も言う気がありませんが、それでもこの両者が一緒になるだけで破局をもたらすには十分です。俗物性の敵、一言でいえば思考するすべての人間と苦悩するすべての人間が、かつては理解し合うにもその手段が全然なかったのに、いまではその理解に達したということ、そして古い臣民たちの受動的な繁殖体制すらも新しい人間性に奉仕するための新兵たちを日々に徴集しているということ、このことだけは注目してもらいたいのです。ところで営利と取引の体系、人間の所有と搾取の体系は、人口の増加よりもずっと急速に、今日の社会の内部に破綻をもたらします。古い体制はこの破綻を修繕することができません。なぜなら、古い体制はおよそ修繕したり創造したりすることはなく、ただ存在していて享受するだけだからです。しかし思考するところの苦悩する人間たちの存在と、抑圧されるところの思考する人間たちの存在とは、考えることなく享受している受動的な俗物たちの動物界にとって、嫌応なしに受けいれがたく消化しがたいものとなっていかずにおきません。

われわれの側から古い世界が余すところなく白日の下に曝され、そして新しい世界が積極的に形成されねばなりません。種々の出来事が思考する人たちには熟慮する時を、そして苦悩する人たちには気を取りなおす時を、長く与えれば与えるほど、現在がその胎内に宿している産物は、それだけ完成されたかたちで世に送りだされることでしょう。

バクーニンからルーゲへ

ビール湖のペーテル島、一八四三年五月

ベルリンからのあなたの手紙をわれわれの友人M〔マルクス〕が私に渡してくれました。あなたはドイツのことで不機嫌になっておられるように見受けられます。あなたはただ家族と俗物だけを見ておられる。四本の柱に囲まれた狭い場所に思想と願望の一切を閉じ込めている俗物だけをあなたは見て、この俗物を外へ誘い出すであろう春を信じようとされない。親愛なる友よ、どうか信ずることを失い給うな。あなただけは失い給うな。考えて下さい。私、ロシア人であり異邦人である私は信ずることを捨てず、ドイツを捨てずにいるのに、そのドイツの運動のただなかにいるあなた、その運動の発端を体験し、その運動の高揚に驚かされたあなた、そのあなたが、以前その力がまだ試されていなかったときには一切の望みを託していた当の思想を、いまや無力なものだと断罪しようとされるのですか？　たしかにドイツの一七八九年の夜明けまではまだほど遠い！　これは私も認めます。そもそもドイツ人が数世紀遅れていなかったことが、かつてあったでしょうか！　しかし、だからといって、今は拱手傍観したり女々しく絶望している時ではありません。あなたのような人たちがもはやドイツの未来を信ぜず、もはやその未来のために働こうとしないとすれば、いったい誰が信じ、誰が行動するでしょうか？　私はこの手紙をビール湖上のルソー島で書いています。あなたも知っておられるように、私は空想と空文句で生きているのではありませんが、私があなた宛てに、しかもこのような主題について書いているまさに今日、この〔ルソー島という〕場所に居合わせていることを思うと、骨髄がむずむずします。僧侶たちと暴君たちに対する人間性の勝利についての私の信念は、たしかにあの偉大な亡命者〔ルソー〕が幾百万の人びとの胸に注ぎこんだのと同じ信念、彼がこの島へもたずさえてきたのと同じ信念なのです。ルソーとヴォルテール、これら不死の人たちは若返って、ドイツ民族のもっとも優れた頭脳をもつ人びとにおいて彼らの復活を祝い、ヒューマニズムに対する大いなる熱狂、そしてその原理が結局のところ実は人間にほかならないような国家に対する大いなる熱狂、一切の人間的偉大さと真実とを厚かましく瀆《けが》すような僧侶たちに対する激しい憎悪が、ふたたび世の中に滲透するのです。哲学はもう一度、かつてフランスであのように華々しく遂行した役割を演じることでしょう。哲学の力と恐ろしさが敵たちに、哲学自身にとってよりも先に判明してしまっていることは、けっして哲学に不利な証拠にはなりません。哲学は純朴であって、何よりまず闘争や追撃を待ちうけることなどけっしてありません。なぜなら、哲学はすべての人間を理性的存在と解し、彼らの理性こそが彼らの絶対的命令者であるかのように、彼らの理性に訴えかけるものだからです。われわれの敵たちが、われわれは非理性的であり非理性的でありつづけようとしていると厚顔にも称し、理性に対して非理性的手段をもって実際に闘争しはじめ、抵抗しはじめるのは、まったく当り前のことなのです。この状態はただ哲学の優越した力を証明するだけであり、哲学に対するこのような誹謗は、すでに〔哲学の〕勝利なのです。ヴォルテールはかつてこう述べました。小さな国での小さな権威を君たちに与える小さな職についている君たち小人たちよ、君たちが哲学を誹謗するとは？〔Vous, petits hommes, revêtus d'un petit emploi, qui vous donne une petite autorité dans un petit pays, vous criez contre la philosophie ?〕われわれはドイツのために、ルソーとヴォルテールの時代を生きているのであり、「われわれのうちまだずっと若く、われわれの労苦の結実を体験できる人たちは、偉大な革命と、生まれてきた甲斐のある時代とを見るであろう。」ヴォルテールのこの言葉は、二度目は一度目のようには歴史によって確証されはしないのではないかなどと危ぶむことなしに、われわれが繰り返し語ってもよい言葉です。

今はまだフランス人はわれわれの教師です。彼らは政治に関しては幾世紀も先んじています。そして一切はその結果として生じているのです！　あの偉大な文学、あの生き生きとした詩と造形美術、全国民のあの優れた教養と精神充実、このような状態は、われわれがただ遠くから理解するばかりのものです！　われわれは遅れを取戻さねばなりません。世の中を暖かくしないわれわれの形而上学的自負を鞭打たねばなりません。人間らしく人間とともに生き、みずから自由であると同時に他を自由にするところまで達するために、われわれは学ばねばならず、日夜働かねばなりません。私はいつもこの点に立ち戻るのですが、われわれはわれわれの時代をわれわれの思想によって占有しなければならないのです。幸いにも思想家や詩人は、未来を先取りして自由と美の新しい世界を、われわれを取囲む衰退と腐敗の混乱状態のただなかに構築していくことができるのです。

これらすべてを目前にし、時代をその胎内から新しく産みだす永遠の諸力の秘密に通じていながら、あなたは絶望しようとされるのですか？　あなたがドイツに絶望されるとすれば、あなたは自分自身に絶望するだけではなく、あなたが身を献げてこられた真理の力を見捨てることになるのです。何ら顧みることなく全身を挙げて、解放の真理の活動のために献身するような高潔な人間は僅かですし、この心情と頭脳の動きを同時代の人びとに伝えうる人間も僅かです。しかし、自由のための口となり、その声音の冴えた響きをもって世人を魅することに一たび成功した者は、彼の事業が成就するという保証をもつ者であり、そのような保証は、他人もまた同じような働きと同じような成功を通じてしか手に入れることができないものです。

さて私は、われわれがわれわれ自身の過去と袂別しなければならないことは認めます。われわれは打ち負かされたのであり、たとえ思考と創作の動きに立ちはだかったものが粗野な暴力にすぎなかったとしても、この粗暴さ自体が、もしもわれわれが学問的な理論という天上で〔現実から〕離れた生活をしていなかったとしたら、もしもわれわれが民衆をわれわれの側にもっていたとしたら、不可能であったでしょう。われわれは民衆の事態〔の真相〕を彼ら自身の前にもち出すことをしなかったのです。フランス人の場合は違いました。実際、フランス人の解放者たちも、もしも可能であったなら、弾圧されてしまったことでしょう。――

あなたがフランス人を愛しておられること、彼らの卓越さを感じておられることを私は知っています。そのことだけで、フランス人の後を追って彼らに追いつくという大きな事業においては、強い意志をもつのに十分です。この努力とこの力、何という感情でしょう！　何という言うに言われぬ悦びでしょう！　あなたの働き、いやあなたの怒りすら、いかに私にはうらやましいことか。なぜなら、怒りもまたあなたの民族の内なるすべての高潔な人たちの感情だからです。私がせめて協力できたら！　私の血と生命をドイツ民族の解放のために！　私の言うことを信じて下さい、ドイツ民族は立ち上がって人間の歴史の陽光に到達することでしょう。ドイツ民族は、あらゆる暴政の最良の従僕であるというゲルマン人たちの恥辱を、いつまでも彼らの誇りとすることはないでしょう。あなたは、ドイツ民族は自由ではない、彼らはただ私的な民族にすぎない、と彼らを非難される。あなたはただドイツ民族が現にある姿を言っておられるだけです。この彼らの現状でもって、どのようにしてあなたは、彼らのこれからの姿を証明しようとされるのでしょうか？

フランスでも事情はまったく同じだったのではないですか？　そしてたちまち全フランスは公共的なものとなり、その息子たちは政治的人間となったのです。われわれは民衆の事業を、たとえ民衆自身がそれを見捨てたとしても、放棄してはなりません。こうした俗物たちはわれわれから離反し、われわれを迫害するのですが、そうであればそれだけ誠実に、彼らの子供たちはわれわれの事業に身を捧げることでしょう。彼らの父は自由を殺害しようと努めますが、彼ら子供たちは自由のために死に赴くことでしょう。

またわれわれは、十八世紀の人たちにくらべ、どれほど有利な立場にいることでしょうか？彼らは荒涼とした時代のなかから発言していたのです。われわれは、彼らの理念の巨大な成果を眼前にもっており、実践を通じて彼らと接触することができます。フランスへ向かって行き、足をライン河の向こう側に置けば、一挙にしてわれわれは、ドイツにはまだまったく生まれていない新しい諸要素のただなかにいるのです。社会のあらゆる領域のうちへの政治的思考の普及、傑出した頭脳たちのなかで――国民全体の重みがそれぞれの的確な言葉のなかに感じられるからこそ――激発する思考と弁舌のエネルギー、これらすべてをわれわれはいま、生き生きとした観察を通じて知ることができるのです。フランスへの旅、それに比較的長期のパリ滞在も、われわれにとって大いに役だつでしょう。

ドイツの理論は、粗野な神学者たちや愚鈍な田舎貴族たちから猟犬のように耳をゆすぶられて行く道を教えられ、そのためにいまや天国全体から墜落するというめにあっていますが、それもまったく当然のことです。この墜落がドイツの理論の高慢をただすならば、それはこの理論にとって良いことです。ドイツの理論が孤独な暗い高みにおいては見捨てられ、民衆の胸のなかにあるときにのみ確実なものとなるという教訓を、それ自身の運命のなかから学びとるかどうかは、まったくこの理論に委ねられています。どちらが民衆を獲得するか、われわれかお前たちか？このようにこの反動的な去勢者たち〔神学者たちと田舎貴族たち〕は哲学者たちに呼びかけます。こうした事実は何と恥ずかしいことか！　だがまた、いまや人類の事業を勝利へと導きつつある人たちに、幸いと名誉のあらんことを！

ここで、ここではじめて、闘争は開始されるのであり、手を縛られているわれわれ少数ばらばらの人間たちが鬨《とき》の声をあげるだけで、巨万の彼らを恐懼におとしいれるほど、われわれの事業は強いのです。さあ、よし！　君たちギリシア人たらんとするゲルマン人たちよ、スキティア人たる私が君たちの縛めを解こう！　君たちの仕事を私に送れ！　ルソー島で私はそれを印刷し、火の文字をもってもう一度、歴史の天空へ書きしるそう、ペルシア人に滅亡あれ！　と。

ルーゲからバクーニンへ

ドレスデン、一八四三年六月

やっと今、私はあなたの手紙を受取ったところですが、その内容はそんなに急に古くなるものではありません。あなたは正しいのです。われわれドイツ人は実際のところまだずっと遅れているので、われわれは世人を理論的に獲得するために、何よりまず、改めて人間的な著作を生みだし、それによって彼らが後に自分たちの行動の拠りどころとする思想をもつようにしなければなりません。おそらくわれわれはフランスにおいて、その上おそらくフランス人と一緒に、共同の出版を企てることができるでしょう。私はわれわれの友人たちと、このことについて文通しようと思っています。ところで、あなたは私がベルリンで不機嫌であったことをひどく気にかけておられたようですが、それは間違いというものです。私が不機嫌であればそれだけ、私以外の他の人たちはすべて自己満足しており、ベルリン子の第一人者である国王が国民のたった一つの願望を実現させるだけで、それは世の中に充満している不機嫌を埋め合わせてしまうのです。私がこれらの広い範囲にわたる願望を見誤っているなどと信ずるなかれ。たとえばキリスト教は、なお、いわば一切なのです。いまやそれは復興されていて、国家はキリスト教的であり、一つの真の僧院であり、国王はきわめてキリスト教的であり、そして国王の役人たちはもっともキリスト教的です。これらの連中が敬虔なのは、彼らがただ一つの隷従だけでは満足しないからにすぎない、ということを私は認めます。彼らは地上的宮仕えに、さらに天国的宮仕えを付け加えざるをえないのです。隷従は彼らの役目であるばかりでなく、また彼らの良心でもなければなりません。そしてもし北アメリカの未開人たちが自分の罪を償うために自分自身をしたたか殴るとすれば、おそらく〔ドイツの〕人民たちはまたもう一度、同じ手続きをこれら天国の犬たちに対して行なうであろうと私は思います。しかも目下のところ、神の国のなかはうまくいっていることは、誰でも認めないわけにはいきません。ですから、もしも私が不機嫌の迷いから脱する方が自己満足の迷いから脱するよりもいつの場合でも良いという考えをもっていなかったとすれば、きっと私は一般的な歓喜に至極はればれとひたっていたに違いありません。あなたは、山にやってくるというだけで、もう不機嫌となったオイレンシュピーゲル[36]を私が読んだことが役だったはずだと言われるでしょう。ベルリン人たちもまたそれを読んできたのですし、彼らが自分たちの歴史物語を読むときにはいつもそれを読むのですが、しかしまったく何の役にもたちません。こうして彼らは、悪ふざけ《オイレンシュピーゲライ》がうまいしゃれであるといったところにとどまっているのです。彼らのキリスト教でさえ、ただうまいしゃれ、すばらしい言い廻しとしてだけ、彼らの興味をひくのです。狂気じみた迷信をすべて信奉しながら、しかも傷を癒す衣を身につけているのは皮肉なことです。今日、神聖ローマ帝国風に「まず挨拶と握手」をもって話し合うのを耳にし、あるいはこの聖ならざる時代に何らかの聖なる日付けをもって署名しているのに、〔他方では〕、たとえばラテランの聖ヨハネ聖堂とかヴァティカンといった聖なる場所から日付けをつけることが不可能になっているのは皮肉なことですし、そのために、慈恵修道女会の再建とか聖アデルベルトの礼拝堂の建立とかのための勅書を聖ならざるフリートリヒの城から発するなどということは、少くとも皮肉のいたりです。

しかし私は、椰子《やし》の木の下に住む危険を、もう一度おかそうなどという気はありませんし、たとえ空想のなかでもそんな気はありません。さようなら、ベルリンよ。私はドレスデンが好きです。ここではプロイセンがその公式の機智を総動員しても取り戻すことのできないものが、すべて達成されており、すべて享受されています。議会、同業組合《インヌング》、古い法律、世俗人と肩を並べる聖職者たち、国会議員となっているカトリックの高僧、ルター派聖職者もはいている半ズボンと黒靴下、教会の勧告による離婚とそうした場合における宗教局の力、安息日の遵守と、力仕事をする安息日違反者のすべてに課せられる十六グロッシェンから五ターレルの罰金、動物虐待に反対する会はあるが、煙突掃除する会はないし、人間の放任に反対する会もない。——しかし、公正を期するために想い出されねばならないのは、真剣なヒューマニズムから貧乏人の児童虐待をきわめて気のきいた方法で部分的にしてもやめさせた誠実なキリスト教徒が挫折してしまったのは、彼の無能力のせいではなくて、既存のものの卓越さのせいであったということです。ザクセンはかつてのあらゆる華麗さを若がえらせて、その胎内にはらんでいます。古い法学と神学のこの楽園《エルドラド》、このミニチュア神聖ローマ帝国は、まだ十分時間をかけて研究されていません。このミニチュア帝国のいろいろな地方庁と管区長たちとはまもなくお互いに独立であると言明するでしょうし、この帝国のライプツィヒ大学は、荒涼たる広大なドイツのなかに、ましてヨーロッパのなかに起ってきている精神形成の空虚な動向から、とっくに独立していたのです。しかし私は、ザクセン国の人たちが一歩も前進しないとは、けっして申しません。私はあなたに一つの出来事をお話ししましょう。ユダヤ人は悪しきキリスト教徒であり、したがって彼らは他のザクセン人たちがもつ自由にあずからず、いかなる名誉権をももたず、洗礼を受けた人間には許されているあれこれのことを行なうことが許されません。さて、洗礼を受けた人間にとっては、ブリュール台地はブリュール遊園でした。この遊園には、いまは階段となっている橋の横のところに切り立った隔壁があって、遊園は他の側から閉ざされていました。一人の歩哨がいて、多くの日には誰もなかにはいらせなかったのですが、しかしユダヤ人と犬とは、どんな日でもはいることが許されませんでした。ある日、将軍夫人が犬を抱いてやってきて、歩哨から犬のために帰るよう命ぜられました。怒って夫人は夫の将軍に不平を訴えたところ、犬の入場禁止という歩哨への指示を取消す命令が出されました。そこで犬たちは時おりブリュール遊園のなかに行きましたが、しかしユダヤ人は？――いや、ユダヤ人はまだなのです。そこでユダヤ人たちは不平を訴えて、犬と平等に扱われることを要求しました。将軍はたいへん困惑しました。彼の思いもかけなかった革命的帰結をもたらすことになった自分の命令を取消すべきか？　夫人は自分の犬と彼女の女友達の犬との権利をあくまでも主張しました。犬の入場はすでに慣わしになっていましたし、ユダヤ人たちは、もし彼らにも中世の間ずっと与えられてきた犬の特権がいま十九世紀に彼らに認められないならば、恐ろしく叫び立てることでしょう。それを将軍は眼前に見たのです。こうして将軍は、彼の責任において、宮廷関係者の来臨のため遊園が閉鎖されている場合を除いては、ユダヤ人がブリュール遊園に入場することを認めることに決心しました。憤慨は大きかったが、老武人はそれを物ともせずに堪えたのです。そこへロシア人たちがやってきました。総督レプニンにとっては一八一三年にはどんな宮廷も存在しませんでした。彼はまた、今後どんな宮廷も戻ってくることはおそらくないと考えたのでしょう、ブリュール遊園を、大きな階段と現在みられるような自由な出入口をもつブリュール台地にしました。このことがすべての正常なザクセン人の心をひどく刺戟しました。もしもロシア人がプロイセン人よりもずっと人気があったという事情がなければ、暴動が起っていたことでしょう。それでも民衆はかんかんに怒って、大きな遊園内の領主の雉《きじ》を射殺したりまでして、ロシア人が以前は雉専用であったこの遊歩道をも人びとに開放するのを甘受したのでした。しかし、あらゆるザクセン人のなかでもっとも正常な一ザクセン人である今なお存命の選帝侯国枢密顧問官は、ロシア人の不相応な、すべてをぶちこわす改革熱に対する恨みをけっして忘れはしませんでした。彼はブリュール台地をも大遊園をも認めません。彼は「ロシア階段」を上ったり下ったりけっしてせず、いつでも以前の「ブリュール遊園」の正規の小門を通ってはいり、けっして犬やユダヤ人を伴なわず、「雉飼育場」では、古き良き時代にも雉の孵化期以外は公衆が歩いてもよかった中央道しか、けっして歩かないのです。

たしかに保守的なキリスト教徒は理性的であって、もしもすべてのドイツ人が正常なザクセン人であったとすれば、あるいは、もしも彼らに遊歩道を開放するために時おりやってくるロシア人が存在しなかったとすれば、あるいは、もしも彼らの弁髪をイエナで切ったフランス人が存在しなかったとすれば、あるいは最後に、もしもプロイセン人が存在せず、そして彼らのキリスト教的国王や異教的国王の頭のなかに改革熱が存在しなかったとすれば、——ドレスデンほど安穏に暮せるところは他にないでしょう。しかし、われわれの祖国ザクセンにとっては、国内のあらゆる華麗さにもかかわらず、つねになお国外からの大きな衝撃が怖れられています。――もし人が苦しみ悩みつつ暮しているのでなければ、それがどこであろうと、この世は申し分なし。

フォイエルバッハからルーゲへ

ブルックベルク　一八四三年六月

お手紙と、あなたが私に知らせて下さった著作活動の計画とは、ずいぶん多くの考えるべきことを私に与えてくれました。私は孤独に生活しているので、そのようなことが必要です。今後ともお忘れなく手紙など引続き送って下さい。ドイツ年誌の滅亡は私にポーランドの滅亡を想い起させます。少数の人たちの努力は、腐敗した国民生活の全般に拡がった泥沼のなかで無駄になっているのです。

われわれはドイツでそう早くは緑の枝にたどりついて成功しはしません。すべてがそれぞれに根底まで腐りはてているのです。新しい人間たちがわれわれには必要です。しかし彼らは今度は民族移動のときのように沼沢や森林からやってくるのではなく、われわれの腰部からわれわれが彼らを産み出さねばなりません。そしてこの新しい種族に新しい世界が、思想のなかで、また詩のなかで示されねばなりません。すべてが根底から汲み尽されねばなりません。多くの結集した力の大事業。一本の糸でも古い体制においてそのまま残されてはならないのです。新しい愛、新しい生活、とゲーテは言いました。新しい教え、新しい生活、これがわれわれの場合です。

頭はいつでも先行しているとは限りません。頭はきわめて活発であると同時に、きわめて鈍重なものです。頭のなかから新しいものが生じてくるのですが、しかし頭のなかにはまた古いものがもっとも永く付着しています。手と足は喜んで頭に従います。それゆえ何よりもまず頭を洗い清めることです。頭は理論家であり、哲学者です。われわれは頭を実践の厳しい軛《くびき》に繋ぐのですが、頭はこの軛だけは着けねばならず、人間としてこの世では活動的人間たちの肩に乗っていることを学ばねばなりません。これはただ生き方の相違であるにすぎません。何が理論で、何が実践か？　どこにそれら両者の相違が存するのか？　ただなお私の頭のなかに潜んでいるにすぎないものが理論的であり、多くの人びとの頭のなかに出没するものが実践的なのです。多くの人びとの頭を一つにするものは、塊《かたまり》をなし、拡がり、そのようにして世の中に自分の場所をつくります。新しい原理のための新しい機関がつくられるならば、それこそ忘れられてはならぬ一つの実践なのです。

ルーゲからマルクスへ

パリ　一八四三年八月

新しいアナカルシス(37)と新しい哲学者(38)は、私に確信を与えてくれました。ポーランドが滅亡したのは真実だが、しかしまだポーランドは消え失せたわけではない、こういう声が絶え間なく廃墟から響いてきます。もしポーランドが自分の運命を教訓として役だたせ、理性と民主主義に身を投じるつもりならば、――これはもちろん、ポーランドがポーランドであることをやめるつもりならばということです――それはたしかに救われることでしょう。「新しい教え、新しい生活」、その通り！　カトリックの信仰と貴族的自由がポーランドを救えないように、神学的哲学と高尚な学問はわれわれを解放することができませんでした。われわれはわれわれの過去との決定的な決裂を通じてしか、われわれの過去を継続することができません。年誌は滅亡し、ヘーゲル哲学は過去に属しています。われわれはここパリで一つの機関誌を設立し、そのなかでわれわれ自身と全ドイツを、まったく自由に、仮借ない率直さをもって批判したいと思います。これだけが現実的な若がえりであり、一つの新しい原理であり、一つの新しい姿勢であり、ナショナリズムの偏狭な本性からの解放であり、暴君ナポレオンと一緒に革命のヒューマニズムをも一息に飲み込んでしまった乱暴な怪物民族の野蛮な反動に対する鋭い反撃なのです。哲学と国民的偏狭さ、たとえ一雑誌の表題のなかだけとはいえ、この両者を一緒にすることが、どうしてできたのでしょうか？　もう一度言えば、ドイツ連盟がドイツ年誌の再興を禁じたのは当然であり、それはわれわれに復古反対！　と呼びかけているのです。いかにもっともなことか！　そもそもわれわれが何かしようと思うならば、何か新しいことを思い切ってやってみなければなりません。事業の経営面は私が世話いたします。われわれはあなたをあてにしています。私があなた宛てに添えた新しい雑誌のプランについて、あなたの意見を書き送って下さい。

マルクスからルーゲへ

クロイツナハ　一八四三年九月

あなたが心を決められ、過去への回顧から新しい企てへと考えを前向きにされたのを、私はうれしく思います。では、哲学の古い大学──悪しき意味なかれ！〔absit omen !〕──であり、また新しい世界の新しい首都でもあるパリで。必然的な事柄は生じてくるものです。ですから私は、障害の重さを見誤ってはいませんが、それでもすべての障害が除かれることを信じて疑いません。だが企てはうまくいくかも知れないし、うまくいかないかも知れません。いずれにせよ私は今月末にはパリにいるでしょう。なぜなら、当地の空気は人を奴隷的にしますし、私にはドイツのなかのどこでも自由な活動の余地がまったく見当らないからです。

ドイツではあらゆることが強引に抑圧され、精神の真の無政府状態《アナーキー》、愚鈍そのものの統治が襲いかかってきましたし、そしてチューリヒはベルリンからの命令に従っています。それゆえ、真に思考する独立した頭脳をもつ人たちのための新しい結集地を捜さねばならないことが、ますます明瞭になりつつあります。私は、われわれの計画が一つの現実的欲求に応じるはずだと確信していますし、そして現実的な欲求というものは実際また現実的に充たされねばならないものです。それゆえ私は、企てに真剣に取り組みさえすれば、企てがうまくいくことを信じて疑いません。

外的な諸障害よりも内的な諸困難の方が、どうやらさらに大きいようにみえます。というのは、「どこから」ということについては何の疑いもないとはいえ、「どこへ」ということについては、それだけ一そう混乱が支配しているからです。たんに一般的な無政府状態《アナーキー》が改革者たちの間に急に現われたというだけではなく、今後何をなすべきかについての正確な見解をまったくもっていないことを、誰もがみずから認めざるをえないでしょう。とはいえ、われわれが独断的に世界を予想しようとせずに、かえって古い世界の批判のなかからはじめて新しい世界を見いだそうとしていることは、まさにまたこの新しい方向づけをもつ動きの長所なのです。これまで哲学者たちはあらゆる謎の解決を彼らの講壇の机のなかにしまい込み、そして愚かな門外漢の世人は、絶対的学問の焼鳥が口のなかにとび込んでくるのを待って、ただぽかんと口を開けているだけでした。いまや哲学は世俗化したのであって、そのもっとも的確な証拠は、哲学的意識そのものが闘争の苦悩のなかに、たんに外面的にだけでなく内面的にも引き込まれているということです。未来を構想したり、あらゆる時代に通用するものを完成させたりすることがわれわれの仕事でないとすれば、われわれが現在やり遂げねばならぬことは、いよいよもって確実です。私が言おうとしているのは、既存の一切に対する仮借のない批判のことです。批判がその諸結果を恐れないという意味においても、現存諸権力との衝突を恐れないという意味においても、仮借のない批判のことなのです。

それゆえ、われわれが何か教条的な旗印をかかげることに私は賛成できません。反対なのです。われわれは、教条主義者たちが彼らの命題をはっきり理解するように、彼らの手助けをしてやるよう努めなければなりません。この点からいえば、ことに共産主義というのは一つの教条的抽象物です。とはいってもここで私の念頭にあるのは、何らかの構想された可能な共産主義ではなく、現実に存在している共産主義、すなわちカベー(39)、デザミ(40)、ヴァイトリング(41)等々が説いている共産主義です。この共産主義はそれ自体、その対立物である私有制度の影響を受けた一現象、人道主義的原理の特異な一現象にすぎません。それゆえ、私有制度の廃棄と共産主義とはけっして同一のものではなく、したがって、フーリエやプルードン等の社会主義説のような他の社会主義的諸教説が共産主義に対立して発生しているのが見られるのは、偶然のことではなく、必然的なことなのです。なぜなら、共産主義それ自体が、社会主義的原理の一つの特殊な、一面的な実現にすぎないからです。

そして社会主義的原理全体も、それはまたそれで、真の人間的存在の実在性にかかわる一側面にすぎないのです。われわれは他の一側面、すなわち人間の理論的存在についても同様に考慮しなければならず、したがって宗教、学問等々をわれわれの批判の対象にしなければなりません。その上われわれは、われわれの同時代人たちに、それもドイツの同時代人たちに働きかけたいのです。問題はどのようにしてそれをするかということです。否認することのできない二種類の事実があります。第一には宗教が、第二には政治が、今日のドイツの主要な関心事となっている対象です。この両者がどのような状況にあるにせよ、ともかくそこから論を進めるべきであり、「イカリア旅行記(42)」といったような、何らかの体系をできあがったかたちでそれらに対置すべきではありません。

理性はいつでも存在してきました。ただ必ずしもいつも理性的な形態をとってきたとは限らないだけです。それゆえ批判者は、理論的および実践的な意識の各形態から論を進めて、現存する現実性の固有な形態からそれの当為および究極目的としての真の現実性を展開することができるのです。ところで現実の生活について言えば、まさに政治的国家こそ、たとえそれがまだ社会主義的諸要求によって意識的に実現されていない場合でも、それの近代的形態のすべてのうちに、理性の諸要求を含んでいます。しかも政治的国家はそこにとどまっていません。それはいたるところで理性が実現されているものと見なすのです。しかし、それはまたいたるところで、それの理念的規定とそれの実在的諸前提との矛盾におちいるのです。

それゆえ政治的国家の、この自己自身との衝突のなかから、いたるところで社会的真理が展開されうるのです。宗教が人類の理論的諸闘争の内容目録であるように、政治的国家は人類の実践的諸闘争の内容目録なのです。こうして政治的国家は、共同体の一種としての〔sub specie rei publicae〕その形態において、あらゆる社会的闘争、欲求、真理を表現しています。それゆえ、きわめて特殊な政治的問題――たとえば身分制と代表制との区別といったような――を批判の対象としても、それは原理の水準〔hauteur des principes〕以下のことではけっしてないのです。なぜなら、この問題はただ政治的なかたちで人間の支配と私的所有の支配との区別を表現しているにほかならないからです。それゆえに批判者は、これらの政治的問題（粗雑な社会主義者たちの見解によれば、これらは論じるに足らぬとされるが）に立ちいることができるばかりでなく、また立ちいらねばなりません。批判者は身分制に対する代表制の長所を展開することによって、実践的に一つの大きな党派の関心をひき起すことになります。彼は代表制をそれの政治的形態から一般的形態へと高め、それの根底にある真の意義を効力あるものとすることによって、同時にこの党派をしてそれ自身の立場を越えていくことを余儀なくさせます。というのは、この党派の勝利はまた同時にこの党派の喪失でもあるからです。

それゆえ、われわれの批判を政治の批判に、政治における党派への加担に、したがって現実的諸闘争に結びつけ、それらと同じものとみなすのに、何らの妨げもないのです。その場合、われわれは世人に対して教条主義的に新しい原理をふりかざして、ここに真理がある、ここに跪け！というように立ち向かうのではありません。われわれは世人に対して、世界の諸原理から新しい諸原理を展開するのです。われわれは世人に対して、君の闘争から手を引け、そんな闘争は愚かなことだ、われわれが君に闘争の真のスローガンを呼びかけてあげよう、などと言いはしません。われわれは世人に対して、ただなにゆえに彼らが本来たたかっているのかという理由を示すだけであって、そして意識とは、世人がそれを獲得しようと思わない場合でも、獲得しないではいられないものなのです。

意識の変革は、世人をして彼ら自身の意識に気づかせること、世人を彼ら自身についての夢から醒まさせること、彼ら自身の行動を彼らに明らかにすることのうちにのみ存するのです。われわれの全目的は、ちょうどフォイエルバッハの宗教批判がそうであるように、宗教的および政治的諸問題を自覚的な人間的形式にもち込むこと以外にはありえません。

それゆえ、われわれのスローガンは次のようでなければなりません。すなわち、教義によってではなしに、神秘的な、それ自身不明瞭な意識――たとえそれが宗教的なかたちで現われようと、政治的なかたちで現われようと――を分析することによって意識を改革するということです。そうすれば、世人がずっと以前から、ある事柄について夢をもっていたこと、そしてその事柄を現実的に手にいれるためには、ただそれについての意識をもちさえすればよいことが明らかになるでしょう。肝要なのは過去と未来との間に一本の大きな線を引くことではなくて、過去の思想を完成することであるということが明らかになるでしょう。結局、人類はどんな新しい仕事を始めるのでもなく、意識をもって自分の古い仕事をやり遂げるのだということが明らかになるでしょう。

したがって、われわれの雑誌のめざす方向を一言にまとめるならば、時代が自分の闘争と願望とについて自己了解すること(批判的哲学)だということができます。これは世人のための仕事であるとともに、われわれ自身のための仕事でもあります。この仕事は一致団結した力によってなされるほかありません。肝要なことは懺悔であって、それ以上の何ものでもありません。人類がその罪を許されるには、ただその罪を罪としてありのままに言明しさえすればよいのです。

訳　注

（1）　die staatsbürgerliche Emanzipation を「公民としての解放」と訳した。この場合、公民とは政治的国家の一成員という意味であり、法律上、政治的権利上、国家から一成員として認められている人格を意味する。

（2）　die christliche Untertanen を「キリスト教徒である臣民」と訳した。この場合、臣民とは君主にたいする服従義務をおい、君主を正当なものと認めている人格を意味する。

（3）　Martin du Nord（一七九〇—一八四七年）、パリ法院検事総長、一八四〇年に司法大臣となった。

（4）　Gustave-Auguste Beaumont de la Bonninière : Marie ou l'esclavage aux Etats-Unis etc. ボーモン（一八〇二—一八六六年）はフランスの政治評論家で政治家である。アメリカの奴隷制や刑務所について論じた。

（5）　Tocqueville（一八〇五—一八五九年）、フランスの政治学者、歴史家、政治家である。イギリスに渡りミルら自由主義者と交際、著書『アメリカ民主制論』（四巻、一八三五—四〇年）で民主制の機能につき論じた。

（6）　Thomas Hamilton（一七八九—一八四二年）、イギリスの大佐で著作家。『北アメリカ合衆国における人間と習俗』（一八三四年）の著者である。

（7） ein Freistaat は普通は「共和国」を意味するが、ここでは ein freie Mensch「自由な人間」と対応されているので「自由国家」と訳した。
（8） 前出のハミルトンの著書「北アメリカ合衆国における人間と習俗」第一巻、一四六ページから引用。
（9） ヘーゲル『法の哲学』第三部、第三章、A国内公法、§二七〇。
（10） バウアーの原文では Evangelien と複数で書かれているが、マルクスは Evangelium と単数にしている。
（11） 高木八尺他編『人権宣言集』（岩波文庫）一三二ページ参照。「その表明が法律の確定した公序を乱すものでない限り」という句が省略されている。
（12） ヘーゲル『法の哲学』第三部、第二章、§一八三参照。
（13） Augustin-Bon-Joseph de Robespierre（一七六三―一七九四年）、ジャコバン派の指導者として有名なマキシミリマン・ロベスピエールの弟、ジャコバン派の政治家である。
（14） Philippe-Joseph-Benjamin Buchez（一七九六―一八六五年）、サン-シモンの弟子、フランスの共和主義的、カトリック社会主義的思想家で、一八四八年臨時政府の大統領となった。
（15） Pierre-Célestin Roux-Lavergne（一八〇二―一八七四年）、フランスの歴史家、哲学者である。
（16） ヘーゲル『法の哲学』第三部、第二章、§二二九、§二五〇以下参照。
（17） ルソー『社会契約論』（岩波文庫）六二ページ参照。
（18） バウアー『共観福音書筆者たちの福音物語の批判』第一巻、第二巻、一八四一年、第三巻、一八四二年。
（19） D・シュトラウス『イエスの生涯』第一巻、一八三五年、第二巻、一八三六年。

(20) 訳注(6)参照。

(21) Thomas Münzer(一四九〇—一五二五年)、ルターにはじまった宗教改革運動のなかでラジカルな社会変革を主張した。以下の引用は、彼がルターに反論したパンフレット『不条理にも聖書の剽窃により憐むべきキリスト教界をかくも無惨に瀆したところの、ヴィッテンベルクにぬくぬくと生きている精神なき肉体に対する、義心に発する抗弁と答弁』からなされている。このパンフレットは一五二四年に出版された。

(22) Sozietät を「社会的結合」と訳した。

(23) マルクスはヘーゲル法哲学の包括的な批判を発表するため準備を進めていた。一九二七年にモスクヴァのマルクス＝エンゲルス研究所によって公刊されたマルクスの草稿「ヘーゲル国法論批判」は、一八四三年夏にクロイツナッハで書かれたものと推定されるが、これは「ヘーゲル法哲学批判」の一部となるはずのものであった。しかしこの企図は達成されなかった。つまり、この序説に続く「本論」は出版されなかったのである。その主な理由についてマルクスは後に『経済学・哲学草稿』の「序文」のなかで次のように述べている。

「すでに私は『独仏年誌』のなかで、ヘーゲル法哲学批判というかたちで、法律学および国家学の批判をおこなうことを予告しておいた。印刷にまわすため、その仕上げをすすめているうちに、〔ヘーゲル法哲学という〕思弁に対してだけ向けられている批判と、その〔ヘーゲル法哲学が取扱っている〕種々の素材そのものの批判とを混ぜ合わすことは、まったく不適当であり、〔議論の〕展開をさまたげ理解を困難にするものだということが明らかとなった。そのうえまた、取扱われるべき主題は盛り沢山であり、種類を異にするものであるから、それを一冊の本に無理にまとめるには、まったく断片的な警句のような様式をとるほかないであろうし、他方また、そうした警句的叙述というものは、勝手気ままに体系化したような外観を呈することになるだろう。それゆえ私は、別々の独立したパンフレットで、法律、道徳、政治などの批判をつぎつぎにおこない、そして最終的に、一つの特別の著作のなかで、ふたたび全体の連関や個々の諸部分の関係をつけ、最後にあの素材の〔ヘーゲルによる〕思弁的な取扱いに対する批判を加えるよう試みるつもりである。」

この試みも完全には実現されずに終り、未完の「草稿」が残されたのである。

(24) die listige Theorie という原語は、保護関税論者 Friedrich Lists(一七八九―一八四六年)のことを暗に指しながら、「狡猾な」という批判を示している。

(25) マルクスは哲学者アナカルシスのことを言っているのである。アナカルシスはスキタイ人であるがアテナイに行き、ディオゲネス・ラエルティオスが述べているところでは、ギリシア人によってギリシア七賢人のなかに数えられたという。

(26) 九月法令とは、一八三五年九月にフランス政府により発布された法令で、七月二八日に国王に対する暗殺が企てられたことを理由に、陪審法廷の活動を制限し、出版に対して厳しい措置を実施した。出版については定期刊行の印刷物に対する税が引上げられ、所有権および現存国家秩序に公然と反対する者に対する懲役・禁固刑と高額の罰金が設けられた。

(27) 「愚人たちの船」は一五世紀の有名な詩人 Sebastian Brant の代表作の題名。一四九四年に出版され広く読まれた。

(28) Johann Christian Hölderlin（一七七〇—一八四三年）、ドイツの詩人で、悲劇的感情の深さが有名。「ヒューペリオン」（一七九七—九九年）は代表作。

(29) 「カールスバード決議」とは、一八一九年八月にカールスバードで開催されたプロイセンとオーストリアの大臣会議で取りきめられ、同年九月二〇日にドイツ連邦会議で採択された諸決議のことを指す。革命をあらかじめ防止するために大学の自由と出版の自由を厳しく制限した。そのため、思想取締りが広く行なわれるようになった。

(30) ここで「ライプツィヒ」というのは、一八一三年一〇月一六日から一九日にかけて行なわれたナポレオン一世に対する「人民戦」のことを指す。この戦闘はドイツでの戦争を連合軍側に有利なものとした。

(31) 「ベラリアンス」はブリュッセルからジェナップへ通じる街道にあったホテルの名。ウォータールーの戦闘のことを意味する。

(32) Torquato Tasso（一五四四—一五九五年）、イタリアの叙事詩人。フェララ公アルフォンソ二世に仕え厚遇された。

(33) Heinrich Mathias Zöpfl（一八〇七—一八七七年）はドイツの法学者である。『ドイツにおける普遍妥当的法を考慮した、一般的および立憲君主制的国法諸原理』（第二刷、一八四一年刊）を書いた。

(34) 一八一二年十一月、スモーレンスクからロシア軍の追撃を受けつつ退却してきたナポレオン軍は、ベレジナ河畔に達した。この河を渡るさいに、ナポレオン軍はロシア軍の猛攻にあい、甚大な損害を蒙り、多数の溺死者を出した。七万のフランス軍のうち渡河しえた者は僅か四万弱といわれる。

(35) マルクスはプロイセン人のことをラテン語では Borussen と書くのをもじって、Vorderrussen(表ロシア人)と呼び、それに対しロシア人を Hinterrussen(裏ロシア人)と呼んで、ニコライ一世のことを全裏ロシア人の王と名づけている。

(36) Till Eulenspiegel は十四世紀のいたずら者の名前で、彼についての寓話が多くある。

(37) アナカルシスについては訳注(25)参照。ここではバクーニンを指していると思われる。

(38) フォイエルバッハを指していると思われる。

(39) Étienne Cabet(一七八八―一八五六年)、フランスの弁護士で財産共有をめざす共産主義を説いた。『イカリア旅行記』(一八四二年)というユートピア小説の著者として有名である。

(40) Théodore Dézamy(一八〇三―一八五〇年)、フランスの政治評論家。ユートピア的な共産主義を説き、一時ブランキ主義の秘密結社に入ったりしたので、革命的実践を重んじる傾向をもっていた。

(41) Christian Wilhelm Weitling(一八〇八―一八七一年)、裁縫師として町々を遍歴した後、ブランキ主義の影響を受けて共産主義思想をもつにいたる。『調和と自由の保障』はプロレタリアートによる革命を説いているが、ユートピア的平等主義の限界をもっている。

(42) 訳注(39)を参照。

訳者解説

「既存の一切に対する仮借のない批判」をめざして、『独仏年誌』[Deutsch-Französische Jahrbücher]は、一八四四年二月末にパリで第一―二分冊合併号が出版された。この『年誌』はアーノルト・ルーゲとカール・マルクスとの共同編集によってドイツ語で刊行されたが、そこにはマルクスの急速な思想的展開を示す二論文が掲載されていた。すなわち「ユダヤ人問題によせて」[Zur Judenfrage]および「ヘーゲル法哲学批判序説」[Zur Kritik der Hegelschen Rechtsphilosophie. Einleitung]である。また『独仏年誌』創刊当時のドイツの状況とそれに対するマルクス、ルーゲ、バクーニン、フォイエルバッハの態度決定を示す「一八四三年の交換書簡」[Ein Briefwechsel von 1843]も収められていた。本訳書はこのマルクスの二論文および「交換書簡」を訳出したものである。

＊　＊　＊

ここで『独仏年誌』所載の二論文を執筆するにいたるマルクスの思想形成について素描してお

こう。

ボン大学とベルリン大学とで法律学や哲学を学び、一八四一年四月に学位論文『デモクリトスとエピクロスとの自然哲学の差異』をイエナ大学に提出して学位をえたマルクスは、当時のドイツ思想界で注目を集めていた「青年ヘーゲル学派」の一員として、「自己意識の哲学」の立場にたっていた。当時「青年ヘーゲル学派」を代表していたのは、ダヴィット・シュトラウス、アーノルト・ルーゲ、ブルーノー・バウアー、ルートヴィヒ・フォイエルバッハらであった。この学派は当初はヘーゲル門下の若い世代の哲学者たちという意味で自己を規定したのであろうが、そこにはたんに世代の共同といったものだけではなく、共通の問題意識と態度とがあった。ヘーゲルはキリスト教と哲学、国家と哲学、一般に歴史的現実と哲学とを和解に導こうとする志向を一貫して保持していた。ヘーゲルにとって「理性的なものは現実的であり、現実的なものは理性的である」という『法の哲学』序文の有名なテーゼは、彼の弁証法に不可分に結びついていたのである。絶対的理念が限定された相対的現実においてみずからを外化し、現実の対立と矛盾を揚棄して再び自己に還帰するという弁証法的運動が、ヘーゲルの発想の核心をなしていたので、理念と現実、無限者と有限者、普遍と特殊が独特のかたちで結びつけられていたのである。

もちろん右のテーゼは、現実に存在するものすべてが理性的であるとして肯定しようとするものではない。現実のなかに存する本質的なものこそが理性的だと説いているのである。そしてヘーゲルは、現実に存する本質的なものとしてキリスト教(啓示宗教)と国家を把握したのであった。青年ヘーゲル学派はこのヘーゲルによるキリスト教と哲学との和解を不徹底だとして排し、さらには国家と哲学との和解をも突き破っていくのである。そのきっかけをつくったのが、シュトラウスの『イエスの生涯』(一八三五年刊)であった。ヘーゲルはキリスト教の根本的意義を受肉の教義に認め、神がイエスにおいて受肉し、しかも神の子イエスが十字架の上で肉において死に、霊として復活し神のもとに帰ったという宗教的核心は、先に触れた絶対的理念の弁証法的運動というヘーゲル哲学の核心と同じ真理を示していると考えた。ただ宗教がこの真理を宗教的事実(福音)という目に見える表象のかたちで示しているのに対し、哲学は反省を徹底し事態の本質的連関を自己運動において把握する概念の立場で同じ真理を示すとした。こうしてヘーゲルの場合、宗教と哲学とは和解させられたのであるが、しかしこのヘーゲルの立場を徹底させれば、宗教の真の内実は哲学によって概念的に把握されうることになり、宗教は哲学へと解消されてしまうことになる。シュトラウスの『イエスの生涯』はまさにこの立場にたち、イエスを人間として理解し、福音書に述べられているイエスは実在のイエスでなく、当時の人びとによって構想された「神話」であることを証明しようとしたものであった。シュトラウスはまだ聖書解釈学の立場を離れようとしていないが、すでにそこには宗教および神学を人間学へと解消し、人間の理性の立場から宗教の現状を批判しようとする姿勢がはっきり示されている。それゆえ『イエスの生涯』は当時の思想界に大きな反響を喚び起し、多くの反論も現われた。しかし自由主義的心情をもち、ドイツの現状への批判意識をもっていた多くの若い学者たちはシュトラウスの姿勢に共感し、宗教批判が「青年ヘーゲル学派」の問題意識の中核を占めることになった。

ベルリン大学に学ぶうちに哲学への関心を急速に深めたマルクスは、「青年ヘーゲル学派」のベルリンでの中心人物であったベルリン大学講師ブルーノー・バウアーの直接的影響のもとでヘーゲル哲学へと足を踏みいれたのであるが、そのバウアーは、シュトラウスの福音書批判の仕事を受けつぎ、さらに徹底していこうとしていた。また宗教批判の問題を原理的水準で遂行し、当時の若い人びとの熱狂的な共感をひき起した『キリスト教の本質』(一八四一年刊)を、フォイエルバッハは執筆しつつあった。

他方、ハレ大学の講師をしていたルーゲは、一八三八年、ハレ大学の同僚エヒターマイヤーと共に『ドイツの学問および芸術のためのハレ年報』を創刊し、宗教批判の論陣をはると同時に、ヘーゲルにおいて和解されていた国家と哲学とを区別し、現存の国家のあり方を国家の理念に照らして批判しようとし、やがてプロイセンの国家権力と衝突するようになった。『ハレ年報』を軸として南ドイツの「青年ヘーゲル学派」の人たちとベルリンの「青年ヘーゲル学派」の人たちとが結びつき、宗教的・政治的な批判を展開しはじめたのである。

ベルリン大学在学中、バウアーを中心とする「ドクトル・クラブ」に参加したマルクスは、学位論文を書くころには、「青年ヘーゲル学派」の人たちと問題意識を共にし、人間の理性と自由を主張する「自己意識の哲学」の立場にたつようになっていた。そして学位をえたマルクスは、哲学教授への道を進もうと志していた。しかし彼は、折しも高まってきた政治的反動の波に直面しなければならなかった。四〇年にプロイセン国王フリートリヒ・ヴィルヘルム三世が没し、新国王フリートリヒ・ヴィルヘルム四世が即位したが、この新国王は、自由主義的な人びとの期待を裏切って、「昔の骨化した臣僕国家」へと逆戻りする政策をとったのである(この間の事情についてマルクスはルーゲ宛ての手紙のなかで詳しく分析している。本訳書所収の「交換書簡」のなかの一八四三年五月付手紙を参照されたい)。ヘーゲル学派に好意的であったアルテンシュタインに代って新文相に就任したアイヒホルンは、大学から自由主義的・進歩的な教師を排除していく方針をとり、ヘーゲル哲学の影響を根絶すべく、ドイツ・ロマン主義の代表的哲学者シェリングをベルリン大学に招聘したのであった。「青年ヘーゲル学派」の人たちはこの反動の波をまともにかぶることになった。バウアーは三九年にボン大学の講師に転出していたが、四二年春にはその職を解かれることになる。『ハレ年報』も公刊を続けるためにはプロイセン領外に発行所を移さざるをえなくなり、ルーゲはザクセン領のドレスデンで『ドイツ年誌』と改題して発行を続けることになる。

このような状況のなかで、マルクスは大学に職を得ることを断念しなければならなかった。すでに学位論文への注において、「それ自身の内で自由になった理論的精神が実践的エネルギーとなり、意志としてアメンテスなる冥界から現われでて、意志なしに現存する世俗的な現実に対し立ち向かうのは心理的法則である」と記したマルクスは、まさに理論的精神をもって社会的現実に直接に取組むことになる。その場を提供したのが『ライン新聞』であった。

『ライン新聞』は四二年一月一日からライン州のケルンで発刊された。ライン州は当時のドイツで最も工業の発達した地方であり、したがってこの地方で成長してきた産業ブルジョアジーは、かなりの経済的実力を蓄えていたが、政治的発言力はまだ弱かった。一八四一年、新国王への期待が裏切られたのをきっかけとして、彼ら産業ブルジョアジーの間でも自由主義的動向が目立つようになった。そして四一年十二月の「新検閲訓令」によって新聞発行の制限がいくぶん緩和されたので、この機に乗じて、自由主義的ブルジョアジーの主張を反映させるという目的をもって『ライン新聞』は発刊されたのである。この新聞はまたカトリック反動派の主張を代弁していた

『ケルン新聞』に対抗することをめざしていた。

『ライン新聞』の創刊を準備したのはゲオルク・ユンクであるが、彼はバウアーと親しく、また共産主義的傾向をもったモーゼス・ヘスとも親しかった。そしてバウアーの義弟であるアドルフ・ルーテンベルクが編集長になるにおよび、『ライン新聞』は「青年ヘーゲル学派」の根拠地と化し、産業ブルジョアジーの主張よりもさらに急進的な見解が掲載されるようになった。マルクスは新聞創刊のころから編集部に招かれていたが、それは断わり寄稿を約束した。そして彼は四二年五月五日号からライン州議会の議事についての評論を寄稿しはじめ、十月にはケルンに転居して編集長の役を引受けることになった。

マルクスは新聞の寄稿者として、そしてやがて編集長として、社会的現実に取組むことになったが、この時期のマルクスの活動において、思想形成という観点から見て注目されるのは、次のような点であろう。

㈠マルクスの『ライン新聞』への最初の寄稿『出版の自由と州議会議事公表とについての討論』が示しているように、マルクスはライン州議会での討論を検討することによって、議員の政治的見解が、その属する身分の利害と結びついていることを確認した。当時のライン州議会は騎士身分が総数の六分の三、都市身分が六分の二、農民身分が六分の一という割合で構成されていた。

したがって議会は各身分の利益代表者の論戦の場にすぎなくなり、結局は有力な身分の主張が通ることになる。このことをマルクスが確認したことは、後にヘーゲル法哲学を批判するさいに、一つの重要な契機となったと考えられる。

㈡「木材窃盗取締法についての討論」および「モーゼル通信員の弁護」というマルクスの論説が示しているように、マルクスは社会的現実のなかに生じてきている物質的利害の衝突、経済問題に直面し、そうした問題を法哲学的角度から取扱うことを通じて、みずからの立場の限界に気づかざるをえなかった。当時のライン州では貧しい農民が周辺の森林の枯枝を拾い集めて薪に使い生計の足しとすることが慣習として認められてきた。それに対し森林所有者の利害を代表する州議会議員たちは、落ちた枯枝といえども木材であり所有物であるから、枯枝集めも窃盗であり刑事犯であるとし、森林所有者の雇う森林保安官、森林監視人によって評価された損害額が被害者たる森林所有者に賠償されねばならないと主張し、さらにもし盗られなければ利益を産んだかもしれぬという理由で特別損害賠償も与えられねばならぬと論じた。その上また、犯人が賠償不能の場合には、犯人を直接または間接に森林所有者のため労働させるべきだと論じる議員すらあった。マルクスはこのような「法律」とそれをめぐる論議こそ、物質的利害や利己心が法の精神を踏みにじるものだととらえ、それへの批判を展開した。しかし彼は同時に、近代的な最も自由主義的な法そのものも、じつは私有財産の所有者だけのものであって、財産をもたぬ貧しい人たちの権利を保障するものではなく、かえって慣習によって守られてきた貧しい人たちの権利さえも剝奪するものであることに気づかざるをえなかったのである。マルクスは貧しい人たちの慣習的権利は、特権者の慣習的権利とは異なり、実定法に反するものではあっても、本来の法律上の権利とは合致するものだということを論証し、貧しい人たちに慣習上の権利を返還するよう要求しているが、こうした法哲学的角度からの問題解明が、物質的利害の衝突、経済問題を十分に処理しえないことを痛感したのであった。

またモーゼル地方のブドウ栽培者たちが十年来の不況によって窮乏し重税に悩まされていることについてコブレンツが匿名で書いた『ライン新聞』紙上の論文が、ライン州当局によって問題とされ、コブレンツはライン州知事フォン・シャーパーによって、事実の歪曲と政府の誹謗のかどで告発された。マルクスはモーゼルの農民の窮状についての豊富な資料を用いてコブレンツの主張に根拠を与えようとし、同時にこの地方の住民の窮状が放置されてきたのは、現実と行政原則とに矛盾があるからであり、行政がその官僚的な本質のために窮乏の根源を行政そのもののなかに認めることができないからであると論じた。ここでもマルクスは経済問題を法哲学的角度からとらえ、論陣をはっているのであるが、そのために官僚制の弊害への鋭い指摘はあっても、経済問題そのものの具体的解決については方向づけを与えることができずにおわっている。ただ「自由な出版」が行政と被統治者とを媒介し、政治的領域と市民的領域とを結びつけるのだと主張されるにとどまる。ここにも法哲学的角度からする問題処理の限界が現われているのである。

㈢「木材窃盗取締法」についての論説のなかで、マルクスは「木の偶像が勝利をおさめ、人間は犠牲になるのだ！」「キューバの未開人がライン州議会に出席したならば、彼らは木材をライン州人の物神と考えるのではないか」と書いており、木材についての「物神崇拝」を指摘している。もちろんここではまだ、「物神」がどのようにして生じてくるかを社会構造に即して解明するという姿勢はとられていない。したがって、この「物神崇拝」の指摘をその後のマルクスの思想的展開のなかに登場してくる「商品の物神的性格」の解明と直接に結びつけることはできないが、しかし「物神崇拝」現象を目撃し、「人間の権利を若木の権利のまえに屈服させる」という事態に直面したことは、その後の思想形成の重要な一契機となったということができる。

㈣「共産主義とアウグスブルク『アルゲマイネ・ツァイトゥング』」というマルクスの論説が示しているように、彼は当時ドイツに現われてきていた社会主義的・共産主義的思想に対する態度決定を迫られた。かつてバウアーの影響下にあったベルリンの「ドクトル・クラブ」の人たちのなかには、エトヴァルト・マイエンをはじめとして急進的な主張をする者が少なくなく、彼ら

「自由人」たちはフランスの共産主義や社会主義に影響された主張を『ライン新聞』への寄稿のなかでおこなった。四二年十月まで編集長であったルーテンベルクは、考えなしにそれら「自由人」たちの寄稿を掲載していた。また編集部の内にもへスら共産主義者ないしその同調者と見なされる人もいた。そのため、アウグスブルク『アルゲマイネ・ツァイトゥング』は『ライン新聞』が共産主義に同情的だとして非難する論説を掲げていた。マルクスは編集長に就任した翌日の紙面に論説を掲げ、この問題についての態度を表明したのであった。

「『ライン新聞』は、現在の形姿における共産主義思想に理論的現実性さえも認めていないし、したがってそれの実践的実現はなおさら望んでおらず、そういうことが可能だとさえ考えることができない。本紙はこれらの共産主義的思想を根本的な批判にかけていくであろう。しかし、ルルーやコンシデランの著書、とりわけプルードンの洞察力鋭い労作は、一時的な皮相な思いつきによってではなく、長期にわたる深く立入った研究の後にはじめて批判できるということは、アウグスブルク嬢といえども、もし同紙が空文句以上のものを望みかつその能力があるとすれば、洞察したはずである。」

マルクスはここで現存の共産主義思想に対し厳しい批判的態度を示している。これは当時の厳重な検閲と監視のなかで『ライン新聞』の発行を続けていくためにとったカモフラージュ作戦であり、マルクスの本当の態度ではないとする説がある。たしかにマルクスはベルリンの「自由人」たちのような原則論を振りかざす主張が、検閲の強化、新聞の弾圧をすら招きかねないことを認識していた(ダーゴベルト・オッペンハイム宛て手紙、一八四二年八月二十五日ごろ)。しかしそれだけではなく、マルクスは「自由人」たちの共産主義についての理解の安易さ、粗雑さに対して強い批判をもっていた。「すでに御存じの通り、検閲は連日容赦なくわれわれをずたずたにし、しばしば新聞を出せないほどです。そのため〈自由人〉の論文が大量に落とされました。検閲におとらず私自身も思い切って没にしました。というのも、マイエン一味は世界変革をたくらんだ無思想のなぐり書きを、だらしない文体で(この連中が一度も勉強したことのない)無神論とか共産主義といったものとまぜあわせ、束にして送りつけてくるからです。」(アーノルト・ルーゲ宛て手紙、一八四二年十一月三十日)

このようにマルクスは、ベルリンの「自由人」たちの「共産主義」には、強い反感をもっていた。しかし、右の論説のなかで「現在の形姿における共産主義思想」と述べられているものが、ベルリンの「自由人」たちの「共産主義」だけを指していたとは思われない。四二年九月にはローレンツ・フォン・シュタインのかなり詳細な紹介『今日のフランスにおける社会主義と共産主義』が出版されたし、また九月末から十月初めにかけてシュトラスブルクで開かれた第十回フランス研究者大会で、フーリエ主義者によって提出された無産階級の社会的地位の改善のための提案が審議されたこともあり、マルクスは或る程度まで現存の共産主義思想や社会主義思想について理解をもっていたと推測される。その限りでマルクスは「財産の共有」を主張する「共産主義」については強い批判をもっていたのではないかと私は考える。約一年後になるが、本訳書所収の「交換書簡」のなかのルーゲあての手紙において、マルクスは、カベー、デザミ、ヴァイトリングらの教える「現存の共産主義」について、「この共産主義はそれ自体、その対立物である私有制度の影響を受けた一現象、人道主義的原理の特異な一現象にすぎません」と書いており、すべての存在を私有財産と見なし、その共有を主張する「共産主義」を批判している。(『経済学・哲学草稿』では、このような「共産主義」を「粗野な共産主義」と呼び、厳しく批判している)。

このようにマルクスは、現存の「共産主義」に強い批判をもっていたと推定されるのであるが、しかしまだ共産主義思想についても社会主義思想についても十分に研究する機会がなかったことは確かである。それゆえ、『経済学批判』(一八五九年刊)序文での有名な回顧「他方では、〈さらに前進しよう〉という善き意志が事実的知識よりもずっと重きをなしていたその当時、フランスの社会主義と共産主義の淡く哲学的に潤色された反響が『ライン新聞』でも聞かれるようになっていた。私はこの生半可に対して反対を表明したが、しかし同時にアウグスブルクの『アルゲマイネ・ツァイトゥング』との一論争で、私のそれまでの研究では、フランスの諸思潮の内容自体について何らかの判断を下すことができないことを率直に認めた」という文章は、基本的には正しく当時の事情を示しているといえる。マルクスはここで大きな研究課題に直面したのである。

㈤マルクスは「『ケルン新聞』第一七九号の社説」という論説のなかで、「哲学は新聞論説においても宗教上の事柄を論議すべきであるか」という問題を論ずるさいに、フォイエルバッハの名をあげており、また「哲学は、その足で大地に立つ前に、すでに脳髄でこの世界のなかに立つが、他方、他の多くの人間的領域は、〈頭脳〉もまたこの世界に属するとか、この世界は頭脳の世界であるとかと気づくずっと前から、足で大地に根をおろし、手で世界の果実を摘みとっている」と述べ、「哲学が世俗的となり、世界が哲学的となりつつある」ことを確認して、フォイエルバッハ的発想を示している。さらに「木材窃盗取締法」についての論説でも、「未発達な封建制度の国やカースト制度の国では、人間は文字通りにカーストに分割されており、偉大なる聖人である聖人《フマ》間《ヌス》の自由に流動しあう高貴な諸肢体は、細分され分断されて、無理やり引き離されている。だから、これらの国ではまた、動物崇拝、すなわち源初的な姿での動物宗教が存在する。というのは、人間はつねに、自分の真の本質であるものを自分の最高の存在であると考えるものだからである。動物の現実生活のなかに現われる平等は、ただ一つ、つまり或る動物が自分と同じ特定の種に属する他の動物と等しいということだけであって、類の平等ではない」と述べ、やはりフォイエルバッハ的発想を示している。

しかし、マルクスは『ライン新聞』では宗教の問題を正面から論じることは避けている。ただ、一八四二年一月末に「シュトラウスとフォイエルバッハの間の審判者としてのルター」(四三年に『アネクドータ』に掲載された)という小論文をマルクスは書いており、そこではルターの文章を引用してフォイエルバッハの立場の正しさを証明し、「諸君にとって真理と自由への道は、火《フォイエル＝》の河《バッハ》を通る以外にはない。フォイエルバッハこそ現代の煉獄である」と結論している。

それゆえ、マルクスはフォイエルバッハの『キリスト教の本質』(一八四一年刊)を遅くとも四二年一月ごろまでに読み、かなり強い共感をもったことが推測される。にもかかわらず、『ライン新聞』時代のマルクスの論説にフォイエルバッハの影響があまり強く出ていないのは、二つの事情によるものと思われる。その一つは、当時の新聞の検閲事情から、宗教の問題を徹底的に論ずることができず、したがってマルクスは他の論題を選んだということである。マルクスが書いたライン州議会についての第二論文は、異宗婚で生まれた子供の信仰告白の問題で生じたプロイセン政府とカトリック教会との衝突「教会紛争」を取扱っていたが削除された。このように、宗教の問題を真正面から扱えなかったためにフォイエルバッハ色が薄くなったという事情がある。

もう一つの事情はさらに重要である。たしかにマルクスは宗教の問題にも関心をもっていたが、それよりはるかに強く、政治的・経済的な社会的現実に関心をもっていた。この関心方向の相違は、やがてマルクスとフォイエルバッハの立場の相違をもたらすことになる。したがって、マルクスがルーゲ宛ての手紙(一八四二年十一月三十日付)のなかで述べた次の言葉は、たんに検閲事情を反映したものとしてではなく、宗教に対するマルクスの基本的態度を示したものとして注目されねばならないと私は考える。

「さらに私は、宗教のなかで政治的状態を批判するより、政治的状態の批判のなかで宗教を批判するよう、私は要望しました。というのは、このような言い方のほうが新聞の本質や公衆の教養にかなっているし、また宗教はそれ自体では無内容で、天によってでなく地によって暮しており、それが転倒した現実の理論である以上、その現実の解体とともにおのずから崩壊するからです。」(この言葉を本訳書所収の「ヘーゲル法哲学批判序説」の最初の数節と比較されたい。そこに宗教に対する共通した態度が見られる)。

＊　　＊　　＊

合法性の枠内で政治的・経済的な社会的現実を批判し、自由と民主的権利の実現をめざすというのが『ライン新聞』時代のマルクスの基本姿勢であり、彼は編集長として新聞の合法性を確保するために慎重な配慮をおこなっていたが、にもかかわらず『ライン新聞』は四三年三月一杯で発禁となる運命を甘受せざるをえなかった。この情勢が決定的となったので、マルクスは三月十七日に編集長を辞任し、みずからの思想をさらに鍛えあげることに全力を傾注することになった。

マルクスはすでに一八四二年三月五日付のルーゲ宛ての手紙のなかで、『ドイツ年誌』のために「国家の内部体制に関する限りでのヘーゲル自然法の批判」を準備していると語り、「その核心は、どこまでも自己と矛盾し自己を止揚する両性体としての立憲君主制に対する攻撃です」と書いていた。書斎に退いたマルクスは、この構想に立ち戻り、それまでみずからの立場の基礎の一部としていたヘーゲル法哲学の根本的枠組(国家観や法の理念)を徹底的に検討しなおそうとする。この課題を遂行するにあたって、マルクスには直接に二つの手がかりが与えられていた。その一つはルーゲのヘーゲル法哲学批判である。ベルリンの「自由人」たちと訣別したマルクスは、バウアーとも次第に疎遠となったが、それとともにルーゲとの結びつきを強めていた。『ドイツ年誌』を編集していたルーゲは、宗教批判を中核としていたバウアーらと異なり、ヘーゲル国家論を批判することを通じて政治批判をおこなおうとし、四二年にはその方向づけを示す論文を発表していた。ヘーゲルが法哲学において「人倫的理念の現実態」であるとした国家は、国家の理念であるが、その内実を検討してみると、現存のプロイセン国家に原型を求めた立憲君主制国家であり、その限り、国家の現状を肯定し神聖化することになる、というのがルーゲの主要な論点であった。引用した手紙の言葉が示しているように、マルクスもこの論点ではルーゲと見解を共にしており、この論点をさらに追究し発展させようとしたのである。

もう一つの手がかりはさらに重要なものであった。四三年二月、公刊が延び延びとなっていた『アネクドータ』がマルクスのもとに送られてきた。そこにはマルクスの検閲訓令論とともに、フォイエルバッハの「哲学改革のための暫定的提言」が掲載されていた。マルクスはこの「提言」を読み、フォイエルバッハの原理がたんに宗教批判の領域に限られるものではなく、哲学一般を、さらに現実一般を批判するものであることを見いだし、決定的な共感を抱くにいたったのである。(マルクスはフォイエルバッハの「提言」のほか、「〈キリスト教の本質〉の評価に対して」、および『キリスト教の本質』第二版序文を読んだと推定される)。すでに触れたように、マルクスはフォイエルバッハの宗教批判にかなり強い共感をもっていたが、関心方向の相違からその原理をみずからのものとはしなかった。しかしいまやマルクスは、フォイエルバッハの原理をみずからのものとして受けとめ、その原理をもってヘーゲル法哲学の批判を遂行しようとするのである。だが両者の関心方向の相違はやはり存続しており、フォイエルバッハが自然と人間に関心をもつのに対して、マルクスは政治的現実に主要な関心を向けている。四三年三月十三日付のルーゲ宛ての手紙のなかで、マルクスは「フォイエルバッハの短句集《アフオリズム》〔「暫定的提言」〕は、私には余りに多く自然に言及しながら、余りに僅かしか政治に言及しないという点では正しくないように思われます」と述べるのである。けれどもそのすぐ後で「しかしこれは、現在の哲学を真理とすることができる唯一の同盟です」と述べているように、マルクスの不満はフォイエルバッハが政治の問題に彼の原理を適用して発言することが少ない点にあったのであり、原理そのものの正しさは認めていた。だからこそマルクスは、この原理を政治の領域に適用する仕事を、みずからの課題としたのである。

ヘーゲル法哲学についてのマルクスの批判的検討は「ヘーゲル国法論批判」と後に編者により題された草稿として残されている。マルクスは四三年六月に長い間恋愛関係にあったイェニー・フォン・ヴェストファーレンと結婚しクロイツナハに住んだが、その夏にこの草稿を書いたのである。この草稿は三九ボーゲン〔一ボーゲンは十六ページ分の全紙〕からなっていたが、最初の一ボーゲンは紛失してしまっており、現存するのはヘーゲル『法の哲学』の第二六一節から第三一三節までの部分をかなり詳しく抜粋しながら、批判を書き込んだものである。『法の哲学』のこの部分はヘーゲルが国家の問題を取扱った章にあたっている。つまりマルクスはヘーゲルの「国法論」ないし「国家論」を綿密に検討しているのである。この批判的検討において注目されるべきなのは、次のような点であると思われる。

㈠「重要なことはヘーゲルがどこでも理念を主語とし、〈政治的心情〉というような本来の現実的な主語を述語としていることである」とマルクスは書いているが、彼のヘーゲル国法論批判は、この「主語と述語との顚倒」の指摘を基軸としている。つまりヘーゲルは国家において必然性と自由との統一、特殊な利害関係と普遍的な利害関係の統一としての「具体的自由」を見いだすが、この場合も国家の理念があらかじめ主体とされ、この主体の自己展開の契機として家族や市民社会という特殊な利害関係（および個人の権利や福祉など）の領域が設定される。「理念が主体化され、国家に対する家族と市民社会の現実的な関係が、理念の内的な、想像上の働きとして把握されている。現実には家族と市民社会が国家の前提であり、まさにそれらが本来活動するものなのであるが、思弁のなかではこれが逆立ちさせられている。」このようなヘーゲルの「論理的・汎神論的な神秘主義」をマルクスは鋭く暴いている。

　この思弁哲学における「主語と述語の顚倒」の指摘こそ、フォイエルバッハの「暫定的提言」の主題にほかならなかった。「抽象的なものから具体的なものへ、観念的なものから実在的なものへという思弁哲学のこれまでの運動の歩みは、いわば逆立ちした歩みにほかならない。」そしてフォイエルバッハは、そこに現実的人間の自己疎外を見いだしたのである。「抽象するとは、自然の外部に自然の本質を、人間の外部に人間の本質を、思考作用の外部に思考の本質を置くことである。ヘーゲル哲学は、その全体系をこうした抽象作用に基づけることによって、人間を自己自身から疎外した。」

マルクスはこの人間の自己疎外をヘーゲルの画く君主制国家に見いだすのである。ヘーゲルは国家の本質である主権を自立的な存在とみなし、さらに主権が個体的な意志でなければならないとし、君主こそ国家の理念の現実的な化身であるとする。このような恣意的な論理展開によってヘーゲルが君主制を基礎づけえたのも、彼が「国家の土台たる現実的な諸主体」から出発せずに、国家の理念を主体化したからにほかならない。ヘーゲルにあっては「論理が国家の論証に奉仕するのではなく、国家が論理の論証に奉仕する」という顚倒がおこなわれているのである。

(二)ヘーゲルの君主制に対して、マルクスは現実的主体から出発して「社会化された人間」を国家体制とする「民主制《デモクラティー》」を対置する。「ヘーゲルは国家から出発して人間を主体化された国家たらしめるが、民主制は人間から出発して国家を客体化された人間たらしめる。宗教が人間を創るのではなく、人間が宗教を創るのであったように、体制が国民を創るのではなく、国民が体制を創るのである。民主制と他のすべての国家形態との間柄は、キリスト教と他のすべての宗教との間柄のようなものである。キリスト教は勝義の宗教、宗教の本質であり、神化された人間が一つの特殊な宗教としてあるあり方である。同様に、民主制はあらゆる国家体制の本質であり、社会化された人間が一つの特殊な国家体制としてあるあり方であり、それと他の国家体制との間柄は、類とそれのもろもろの種との間柄のようなものである。ただしかし、民主制においては類がそれ自身、実存するものとして現われる。」

このような抽象的表現のなかで、マルクスは「社会化された人間」がみずから創りだす体制としての「民主制」を提示しようとしている。これは政治的国家という形態の内部での「民主制」である政治的共和制とは区別される。「君主制が疎外の完璧な表現であるのに対して、共和制は疎外自身の圏内での疎外の否定である。」それゆえ、マルクスのめざすラディカルな「民主制」の具体的イメージは、まだ明確ではない。「民主制」において形相的原理が同時に質料的原理となるとか、普遍と特殊が一体化するとかいう抽象的枠組しか与えられていない。この「民主制」は『独仏年誌』の二論文のなかでより明確な輪郭が与えられ、やがて『経済学・哲学草稿』でのマルクス独自の「共産主義」の構想に達するのである。

㈢ヘーゲルの『法の哲学』によれば、直接的・実体的な人倫性(個人と共同体の全体性との統一)の現われである「家族」の分裂のなかから「市民社会」が登場し、自分だけの欲望充足を追求する諸個人の活動が体系をなしたものである「市民社会」は、そのままでは放縦と悲惨、そして自然的人倫的な破滅に陥らざるをえないがゆえに、「国家」が「家族」と「市民社会」との両契機を揚棄するものとして登場するとされている。このヘーゲルにおける揚棄の仕方の抽象性と観念性にマルクスの批判は向けられる。

ヘーゲルによれば「国家」は「市民社会」における個体と特殊を普遍へと「包摂」するものであったが、その「包摂」の具体的機能は行政権に属するとされる。そしてヘーゲルは、国家行政が官庁の分業組織を必要とするということから、中間身分たる官吏による政治、つまり官僚政治を説くのである。彼は「官吏の属する中間身分には、国家の意識および最も卓越した教養が存在している。したがってこの中間身分は、また合法性と知性とについて国家の基柱をなしている」というように官吏を理想化し、「国家」と「市民社会」とを媒介するという重要な役割を官僚政治に求めている。それに対しマルクスは、『ライン新聞』時代からの実践的な経験にもとづいて、官僚政治の実態を鋭く指摘する。「官僚制の普遍的精神は、それ自身の内部では位階秩序によって、外へ向っては閉鎖的な職業団体という性格をもつことによって、保護されている秘密であり神秘である。それゆえ公開的な国家精神も国家心情も、官僚制にとっては、その神秘に対する裏切りのように思われる。したがって権威がその知識の原理であり、権威の神格化がその心情なのである。しかし、彼ら自身の内部では、精神主義は極端な物質主義、受動的な服従の物質主義、権威信仰の物質主義、固定した形式的行為と固定した原則や直観や伝統のメカニズムの物質主義となっている。個々の官吏についていえば、国家目的は彼の私的目的、より高い地位への狂奔、立身出世に転化している。」

ヘーゲルにおいて「国家」と「市民社会」とを媒介するとされるもう一つの契機は身分《シュタント》ないし国会《シュテンデ》である。彼によれば、「市民社会」における欲望とこれの手段、および労働と欲望充足の仕方と労働からもたらされる理論的実践的教養は、身分という「特殊的体系」を形成する。そして国会はこうした諸身分の政治的表現にほかならないとされ、そこで国家の普遍的意志と市民社会での特殊な領域や個人の利己的意志とが結びつけられ総合されると説く。マルクスは、ヘーゲルが「市民社会」を私的身分として政治的国家に対置しながら、他方では立法権という国会の要素において市民的身分が政治的意義を獲得するとして、結局は市民社会を政治的社会だとするのは、矛盾であり不徹底であると主張する。マルクスは、近代国家においては市民的身分と政治的身分とが明確に分離されていること、「市民社会」と「国家」とが分離されていることを確認するのである。

こうしてマルクスは、ヘーゲルが「国家」と「市民社会」とを具体的に媒介するものとした官僚制と国会とが、抽象的・観念的に措定されたものにすぎず、近代国家においては「国家」と「市民社会」とが深く分裂してしまっていることを、ヘーゲル国法論の批判的検討を通じて確認した。この「国家」と「市民社会」との分裂において、人間諸個人は不可避的に二重的な存在へと分裂せざるをえない。すなわち「市民社会」の成員であり、市民的組織において現実性をもつ「市民」〔Bürger〕と、「政治的国家」の成員であり、市民的現実性から離脱して裸の個別性としての個人にまで抽象された「公民」〔Staatsbürger〕へと分裂せざるをえないのである。この人間の分裂、類的生活と私的生活との分裂にマルクスは近代国家の基本的矛盾を見いだしたのであるが、そこにフォイエルバッハによる人間の自己疎外の指摘が生かされていることは明白である。マルクスはいまや社会的現実そのものにおける人間の自己疎外を解明する鍵を手にいれることができた。ではこの疎外を克服するためには、どのような方向をめざすべきであろうか。ヘーゲルを批判しながらマルクスは、まだ漠然としていた「民主制」の問題を、この疎外克服の方向と結びつけて根底からとらえかえそうと努めていたのである。

＊　　＊　　＊

一八四三年一月『ドイツ年報』は発禁となり、三月には『ライン新聞』も発禁という「死刑の宣告」を受けた。そこでマルクスとルーゲは新しい雑誌の発刊を計画しはじめる。三月十三日付のルーゲ宛ての手紙のなかで触れているように、マルクスはドイツとフランスとの「学問的同盟」をめざし、新雑誌を『独仏年誌』と名づけることを提案し、最初は発行地としてシュトラスブルクを予定する。このドイツとフランスとの「学問的同盟」という構想は、フォイエルバッハが「暫定的提言」のなかで提示していたものであった。「まさにわれわれは、母をフランス人に、父をドイツ人にしなければならない。心臓――女性的な原理、有限なものに対する感覚、唯物論の座――はフランス的であり、頭脳――男性的な原理、観念論の座――はドイツ的である。心臓は革命的であり、頭脳は改良的である。頭脳は物事を完成し、心臓は運動させる。しかし、運動、激動、熱情、血、感性があるところにのみ、精神もまたある。」

マルクスがドイツとフランスとの「学問的同盟」をめざしたのも、理性と感情との結合のなかで実践的な理論を形成することを期したからにほかならない。マルクスとルーゲは、フォイエルバッハもこの計画に参加してくれることを期待し、そのために七月にはルーゲが彼をブルックベルクに訪ね、十月にはマルクスが『独仏年誌』への彼の寄稿を要請する手紙を送っている。その手紙のなかでマルクスは、『キリスト教の本質』第二版序文に言及し、シェリング批判を公表するよう求めており、フォイエルバッハもその準備にとりかかったが、結局『独仏年誌』への寄稿は実現しなかった。

一八四四年二月末、『独仏年誌』の第一—第二分冊合併号はパリで公刊された。この公刊準備のためマルクスは四三年十月にパリに居を移していたが、この四三年秋から四四年一月にかけて彼が書いた二論文、『ユダヤ人問題によせて』および『ヘーゲル法哲学批判序説』が掲載されたのである。この『独仏年誌』合併号の内容目次は次のようになっている。

イギリスの状態、トマス・カーライル『過去と現在』……フリートリヒ・エンゲルス

ユダヤ人問題によせて……カール・マルクス

B・バウアー「ユダヤ人問題」ブラウンシュヴァイク、一八四三年、B・バウアー「現代のユダヤ人とキリスト教徒の自由になりうる能力」(スイスからの二一ボーゲン、五六、八一ページ)

新聞評

* * *

「ユダヤ人問題によせて」から「ヘーゲル法哲学批判序説」にかけて、マルクスの思想がいかに急激に展開し、彼独自のものが形成されていったかは、訳文を読まれれば明らかとなる。それゆえここでは、三つの点に焦点をしぼってコメントを加えることにしたい。

㈠「ユダヤ人問題によせて」では、マルクスはB・バウアーの議論を紹介しつつ(読者はマルクス自身の見解と混同しないよう注意されたい)その立論の限界を明白にする。その限界とは、バウアーが「宗教の政治的な揚棄が宗教の揚棄そのものであると考えている」点にある。つまりバ

ウアーは、近代ヨーロッパの政治革命が実現したように、政治的国家が宗教からみずからを切り離し、どのような宗教を信仰しようと政治的権利とは無関係であるとするとき、宗教からの人間解放が達成されたと考える誤りにとらわれている。このような批判を通じて、マルクスはユダヤ人問題を「時代の一般的問題」の枠組のなかに導きいれるのである。その「一般的問題」とは、近代国家そのもののあり方の問題、政治的解放のあり方の問題、政治的解放と人間的解放との関係の問題にほかならなかった。

それゆえこの論文の中核をなすのは、政治的解放の限界を明確にしつつ、それに人間的解放を対置することにあるが、マルクスはこの課題を、近代国家における「政治的国家」と「市民社会」との分裂というヘーゲル国法論の批判を通じて確認した事態に基礎を置いて遂行しようとする。例えば財産をもつ者も、もたぬ者も選挙権と被選挙権があるとされるとき、私有財産(による差別)は「国家」の見地から政治的に廃止されたことになるが、だからといって私有財産そのものは廃止されはしない。現実の生活の場である「市民社会」のなかに厳然として存続しており、「国家」の干渉しない「私事」として自由勝手に活動している。そして「政治的国家」はむしろこのような私有財産の活動を前提としており土台としている。これは生まれや身分や教養や職業についても同様である。

このようにマルクスは政治的解放の限界を「国家」と「市民社会」との分裂のなかで明確化するのであるが、それだけではなく、この分裂のなかに、近代国家・近代社会固有の人間の自己疎外を見いだすのである。近代政治革命は旧社会(封建制)において存在した市民社会の政治的性格を揚棄してしまった。それゆえ近代国家・近代社会では、人間は政治的共同体の成員(公民《シトワイアン》)という抽象的存在として天上の生活を営むと同時に、市民社会の成員(人間《オム》)という現実的存在として地上の生活を営む。市民社会に生活する現実の人間は、類的存在を国家へと抽象化され、類的共同性を喪失しているがゆえに、利己的な孤立した諸個人となる。この利己的個人は本来の自己である類的存在を、国家の抽象的な成員というかたちで自分から分離させられているのであり、類的存在としての自己から疎外されているのである。

それゆえマルクスは人間的解放を、現実の個体的な人間が抽象的な公民を自分のうちに取り戻し、自分の「固有の力」を社会的な力として認識し組織することとして方向づけたのである。ここでヘーゲルとの対比において注目されるのは、マルクスが現実の人間を「市民社会」のなかに生活している人間に見いだし、たとえ疎外され利己的で真ならざる存在であろうとも、この現実の人間こそ人間的解放の担い手であり主体であると考えていることである。ヘーゲルが「市民社会」の矛盾を止揚するとした「国家」、その成員としての「公民」は、マルクスにとっては抽象的存在、仮想的存在にすぎない。それゆえマルクスにとっては、「市民社会」の人間自身による「市民社会」の変革と組織化が、「市民社会」の諸矛盾を揚棄する方向となるのである。この現実の人間への視座設定が、フォイエルバッハの立場との結びつきにおいてなされたことは明白である。(この時点ではマルクスはスイスで出版されたフォイエルバッハの『将来の哲学の根本命題』をも併せ読んだと推定される)。しかし、フォイエルバッハの指摘した神学や思弁哲学における人間の自己疎外は、観念や思考の内部のものであったが、マルクスが解明する人間の自己疎外は、現実の社会生活におけるものである。この場面の相違が、やがて決定的な意味をもつことになり、両者の立場の相違を生むことになったと考えられる。そのことに連関し、マルクスが自己疎外されていることを指摘した現実の人間が、人間一般ではなく、近代政治革命の結果生みだされた近代の「市民社会」の人間であることを、はっきり確認しておくことが必要だと私は考える。

(二)「ユダヤ人問題によせて」においてマルクスは、公民〔citoyen〕と人間〔homme〕との区別をフランス語を用いておこない、またJ・J・ルソーの『社会契約論』の一節を引用している。それゆえこの論文がルソーの社会思想との結びつきのなかで書かれたことは明白である。では、どのようなかたちの結びつきであろうか。マルクスが新婚前後のクロイツナハ時代に書いたノートのなかには、ルソーの著作を読んだ読書ノートが含まれていると報告されているが、まだ公刊されておらず、残念ながら読む機会を私は与えられていない。しかし、「ユダヤ人問題によせて」を綿密に検討するならば、マルクスがルソーの社会思想から何をどのようなかたちで受けとったかは、かなり明確にとらえられる。(「ヘーゲル国法論批判」の草稿にもルソーの影響が見られるが、それは「ユダヤ人問題によせて」に見られるものと本質的な違いがない)。

ルソーは『社会契約論』において、社会契約は「各構成員の身体と財産を、共同の力のすべてをあげて守り保護するような結合の一形式を見いだすこと、そしてそれによって各人が、すべての人びとと結びつきながら、しかも自分自身にしか服従せず、以前と同じように自由であること」という根本問題に解決を与えるとした。マルクスが「ヘーゲル国法論批判」で漠然とながら「民主制」として志向していたもの、そしていまや「人間的解放」として提示されたものは、このルソーの問題提起に応じるものにほかならない。ただルソーは、社会契約を通じて現われる自然状態から社会状態への転化において、社会的結合の不可欠の諸条件である法を人民に与え、彼らを啓蒙して彼ら自身が欲していることを教えてやる「立法者」が必要であるとし、この「立法者」を媒介として、人間はオムからシトワイアンへと転化するとしたのである。このオムからシトワイアンへの転化を、マルクスは「政治的人間の抽象化」として受けとめたのである。それは「身体的で独立的な存在」から「部分的で精神的な存在」へ、あるいは「それ自体で一つの完全で孤立した全体であるところの個人」から「より大きな全体の部分」への転化にほかならない。

それゆえ、ルソーが社会契約にもとづくオムからシトワイアンへの転化として把握した過程を、マルクスは「政治的解放」として受けとめたことになる。そして「われわれの誰もが、自分の身体とすべての力を共同のものとして、一般意志の最高の指導のもとに置き、われわれは各構成員を全体の不可分の部分として受けいれる」という社会契約が完全に遂行され、オムからシトワイアンへの転化が完全に実現されるならば、オムとシトワイアンが統合され、すでに挙げられた根本問題を解決することになるが、ルソーも認めているように、公的人格から区別される私的人格が残り、一般意志に対して特殊意志が現われる以上、オムからシトワイアンへの転化は、オムとシトワイアンとの分離、分裂をもたらすことになる。マルクスはルソーによる理想化を排して、近代政治国家の現実を見据えるのである。

マルクスはこのように近代国家・近代社会におけるオムとシトワイアンとの分裂を確認し、人間的解放においてオムとシトワイアンとの統合をめざしたのだ、と見ることができる。しかし一歩近づくならば、ルソーにおけるオムとシトワイアンとの対比をマルクスが「市民」〔Bürger〕と「公民」〔Staatsbürger〕との対比として受けとめたとき、そこには明瞭なズレが生じていることが判明する。たしかにマルクスが「市民」について、この人間は「非政治的人間」であるがゆえに「自然的人間」であると語るとき、ルソーが述べている自然状態におけるオムとの結びつきを思わせる。しかしマルクスの場合、「市民」はあくまでも近代の「市民社会」の構成員を意味し、その意味で利己的なアトム的な個人なのであって、ルソーの述べるオムとは明瞭に異なっている。マルクスはあくまでも「政治的国家」と「市民社会」との分裂という事態の上でのみ、オムとシトワイアンとの対比を受けとめているのである。したがって、ルソーが国家形成においてシトワイアンが「公的人格」のほかに「私的人格」をもつとしたときの両人格の対比の方が、むしろマルクスの見解に近いといえよう。だがこの場合も、この「私的人格」が近代の「市民社会」のなかにマルクスが見いだした利己的個人とは、かなり大きなズレがあることは明らかである。

このようにルソーとマルクスとの間には明瞭なズレが存在するが、にもかかわらず、ルソーが根本問題として提起した「社会的結合を通じての自由の確保」の解決を、オムとシトワイアンとの統合によって実現するという方向づけにおいては、ルソーとマルクスに共通するところがあり、マルクスは政治的解放の水準にとどまったルソーを越えて、人間的解放においてその統合をめざしたのだということができるであろう。

㈢「ヘーゲル法哲学批判序説」は、「市民社会」の現実的人間の手に、「国家」に抽象されている「類的存在」を奪回するという「ユダヤ人問題によせて」第一章の人間的解放の提言より、数歩前進した立場を示している。なぜなら、ここでマルクスは「市民社会」そのもののあり方を問題にし、その矛盾（疎外）の完き体現者であるプロレタリアートに、人間的解放の担い手を見いだしているからである。すでにマルクスは「ユダヤ人問題によせて」の第二章では、ユダヤ教を廃止するためには、どういう社会的要素が克服されねばならないかを問い、ユダヤ教の現世的基礎が実際的欲望、私利にあること、彼らの世俗的な神が貨幣であることを確認した上で、実際的欲望、利己主義が実は「市民社会」の原理であり、その神である貨幣は「人間のあらゆる神々をおとしめ、それらを商品に変える。……貨幣は、人間の労働と人間の現存在とが人間から疎外されたものであり、この疎遠な存在が人間を支配し、人間はそれを礼拝するのである」と述べていた。このように第一章より遅れて書かれた（多分パリに移住してから書かれた）と推測される第二章では、「市民社会」そのものにおける人間の自己疎外が、貨幣物神というかたちで把握されているのである。この見解がM・ヘスの「貨幣体論」に触発されたものであるかどうかという問題に立ちいる余裕はないが、マルクスがここで「市民社会」と「国家」との関係における人間の自己疎外だけではなく、「市民社会」そのものにおける人間の自己疎外に着目していることは、重視されねばならない。

「ヘーゲル法哲学批判序説」はドイツの現状が旧制度の完成としての後進性をさらけだしてい

ること、歴史の水準以下にあることを確認した上で、にもかかわらず、ドイツの哲学(ヘーゲルの法哲学)はドイツの現状を観念的には乗り超えて、先進諸国のはらんでいる基本的問題、つまり「時代の問題」に取組んでいるとし、それゆえにヘーゲル法哲学と対決し批判することが、時代の現実的で実践的な課題であるとする。しかもマルクスは、それだけにとどまらず、ヘーゲル法哲学が取扱っている素材である「市民社会」そのもののあり方を問題とし、そのなかに階級的分裂を認め、矛盾と疎外の徹底的体現者として登場してきたプロレタリアートに、ドイツ解放の積極的可能性を見いだすのである。

このようにマルクスは、社会の根底的な革命としての人間的解放の可能性を、「市民社会」そのものの構造的矛盾(疎外構造)とその体現者であるプロレタリア階級に求めるという新しい視野を切りひらいたのである。プロレタリアートについてのマルクスの把握がローレンツ・フォン・シュタインの『今日のフランスにおける社会主義と共産主義』を手がかりとしたかどうかは別として、マルクスの新しい視野の開拓をもたらした直接のきっかけは、彼がパリに移住して、まさに「市民社会」の深刻な諸矛盾に直面し、プロレタリア階級の労働運動に直接に触れたことであったといえよう。

こうして「ヘーゲル法哲学批判序説」は、「市民社会」そのものにおける構造的矛盾(疎外構造)

を解明するという課題を、その素材のヘーゲル法哲学による観念的取扱いを批判するという課題とともに与えたのである。そしてついに公刊されなかったこの「序説」に続く「本論」は、むしろ第一の課題の遂行へと傾いていくことになる。『経済学・哲学草稿』にはじまるマルクスの経済学的研究、「市民社会の解剖学」は、まさにこの第一の課題を遂行したものであり、したがってこの「序説」は、この後のマルクスの学問的営為全体を射程に含むものといっても過言ではないであろう。

城　塚　　登

ユダヤ人問題《じんもんだい》によせて　ヘーゲル法哲学《ほうてつがく》批《ひ》判序説《はんじょせつ》
カール・マルクス著

1974 年 3 月 18 日　第 1 刷発行
2024 年 4 月 5 日　第 36 刷発行

訳　者　城《しろ》塚《つか》 登《のぼる》

発行者　坂本政謙

発行所　株式会社 岩波書店
〒101-8002 東京都千代田区一ツ橋 2-5-5
案内 03-5210-4000　営業部 03-5210-4111
文庫編集部 03-5210-4051
https://www.iwanami.co.jp/

印刷・理想社　カバー・精興社　製本・松岳社

ISBN 978-4-00-341241-1　　Printed in Japan

読書子に寄す

——岩波文庫発刊に際して——

岩波茂雄

真理は万人によって求められることを自ら欲し、芸術は万人によって愛されることを自ら望む。かつては民を愚昧ならしめるために学芸が最も狭き堂宇に閉鎖されたことがあった。今や知識と美とを特権階級の独占より奪い返すことはつねに進取的なる民衆の切実なる要求である。岩波文庫はこの要求に応じそれに励まされて生まれた。それは生命ある不朽の書を少数者の書斎と研究室とより解放して街頭にくまなく立たしめ民衆に伍せしめるであろう。近時大量生産予約出版の流行を見る。その広告宣伝の狂態はしばらくおくも、後代にのこすと誇称する全集がその編集に万全の用意をなしたるか。千古の典籍の翻訳企図に敬虔の態度を欠かざりしか。さらに分売を許さず読者を繋縛して数十冊を強うるがごとき、はたしてその揚言する学芸解放のゆえんなりや。吾人は天下の名士の声に和してこれを推挙するに躊躇するものである。このときにあたって、岩波書店は自己の責務のいよいよ重大なるを思い、従来の方針の徹底を期するため、すでに十数年以前より志して来た計画を慎重審議この際断然実行することにした。吾人は範をかのレクラム文庫にとり、古今東西にわたって文芸・哲学・社会科学・自然科学等種類のいかんを問わず、いやしくも万人の必読すべき真に古典的価値ある書をきわめて簡易なる形式において逐次刊行し、あらゆる人間に須要なる生活向上の資料、生活批判の原理を提供せんと欲する。この文庫は予約出版の方法を排したるがゆえに、読者は自己の欲する時に自己の欲する書物を各個に自由に選択することができる。携帯に便にして価格の低きを最主とするがゆえに、外観を顧みざるも内容に至っては厳選最も力を尽くし、従来の岩波出版物の特色をますます発揮せしめようとする。この計画たるや世間の一時の投機的なるものと異なり、永遠の事業として吾人は微力を傾倒し、あらゆる犠牲を忍んで今後永久に継続発展せしめ、もって文庫の使命を遺憾なく果たさしめることを期する。芸術を愛し知識を求むる士の自ら進んでこの挙に参加し、希望と忠言とを寄せられることは吾人の熱望するところである。その性質上経済的には最も困難多きこの事業にあえて当たらんとする吾人の志を諒として、その達成のため世の読書子とのうるわしき共同を期待する。

昭和二年七月